MONIKA SCHUSTER

NIEDRIG TEMPERATUR

FLEISCH & FISCH SANFT GAREN

MONIKA SCHUSTER

NIEDRIG-TEMPERATUR

FLEISCH & FISCH SANFT GAREN

Mit Rezepten von:
Michaela Peters
Cornelia Poletto
Tim Raue
Alfons Schuhbeck
Lisl Wagner-Bacher

Das Rezept zum Umschlagbild finden Sie auf Seite 105

Voller Genuss durch sanftes Garen

Garen mit der Niedrigtemperatur-Methode ist eine altbewährte Garmethode. Als in früheren Zeiten noch mit Holz betriebenen Öfen geheizt und gekocht wurde, war das Garen mit sanfter Hitze eine Selbstverständlichkeit. Heute hat diese Methode wieder Einzug in die Haushalte gefunden.

Wer kochen nur vom Fernsehen kennt, der kann leicht denken, dass ohne vier Töpfe und Pfannen gleichzeitig auf dem Herd und hektisches Treiben in der Küche kein perfektes Essen gelingen kann. Weit gefehlt! Saftige Braten, zartes Geflügel und aromatische Fischgerichte gelingen auch – ohne großen Stress. Der Trick? Garen mit niedrigen Temperaturen bei ca. 80° im Backofen. Das verkürzt die Vorbereitungszeit enorm, denn ist das Fleisch erst einmal im Ofen, kann praktisch nichts mehr schief gehen, und Sie können sich in Ruhe Ihren Gästen widmen. Erst kurz vor Ende der Garzeit bringen Sie die Beilagen und die Sauce auf den Weg.

Aromenfülle bleibt erhalten

Der große Vorteil beim Garen mit Niedrigtemperaturen liegt in der schonenden Zubereitungsweise, bei der das Fleisch schön saftig und die Nährstoffe erhalten bleiben. Die Aromenfülle, die sich dadurch entfalten kann, ist unvergleichlich. Vorausgesetzt, Sie verwenden nur bestes Fleisch. Im Idealfall nehmen Sie Bio-Fleisch aus der Region von einer guten Metzgerei. Das ist zwar etwas teurer als ein herkömmlicher Braten, dafür können Sie sicher sein, dass die Tiere artgerecht gehalten wurden. Und das macht sich später auf dem Tisch bemerkbar.

Entspannte Gesichter in der Küche

Für genussvolle Familienfeiern und besondere Anlässe, bei denen im großen Rahmen aufgetischt wird, eignen sich bei milder Hitze im Backofen gesottene, mittlere bis größere Fleischstücke, Geflügel und Fische besonders gut. Damit bleiben die Kochfelder frei für die Zubereitung der Beilagen. Diese können in der Regel gut vorbereitet und warm gehalten werden. Nur Nudeln und Reis sollten erst kurz vor dem Servieren zubereitet werden. So müssen Sie sich nicht gleichzeitig um das Fleisch, die Sauce und die Beilagen kümmern und können das Essen entspannt genießen.

Mit Ober- und Unterhitze zu perfekten Braten und Fisch

Garen mit Niedrigtemperaturen eignet sich für Fleisch und Fisch aller Größen – von kleinen Kaninchenrückenfilets über Heilbutt und Lachs bis hin zur Weihnachtsgans. Anders als beim Zubereiten mit großer Hitze kommt es hier nicht auf jede Minute an, und Angst vorm Anbrennen brauchen Sie auch nicht zu haben. So kommen Sie leichter an das gewünschte Ziel – dem rosa gebratenen Fleisch oder dem saftigen Fisch.

Garzeiten-Tabelle

Wann sind der Braten, das Geflügel oder der Fisch gar? Bei jedem Rezept in diesem Buch können Sie die genaue Garzeit des jeweiligen Garguts nachlesen. So gelingt Ihr Gericht mit Sicherheit. Wenn Sie darüber hinaus Lust bekommen haben, selbst kreierte Gerichte bei Niedrigtemperatur zu garen, kann Ihnen die Tabelle auf der nebenstehenden Seite helfen, die passende Garzeit zu finden.

Bevor das Gargut in den Ofen geschoben wird, muss es von allen Seiten angebraten werden, damit sich die Poren von Fleisch, Geflügel und Fisch schließen. Die in der Tabelle angegebene Anbratzeit bezieht sich immer auf den gesamten Anbratvorgang.

Neben dem Gewicht kommt es beim Garen immer auch auf die Dicke des Garguts und die Leistungsfähigkeit des jeweiligen Backofens an. Aus diesem Grund lässt sich keine einfache Berechnungstabelle nach der Devise »pro kg Braten = die richtige Garzeit« erstellen. Verwenden Sie auf jeden Fall ein Bratenthermometer zum Messen der Kerntemperatur. Rosa gebratenes Rind-, Kalbs- oder Lammfleisch hat eine Kerntemperatur von 58–60°. Auch Wild ist am besten bei 58–60° Kerntemperatur. Schweinefleisch hingegen benötigt 60–65°. Bei Geflügel kann man keine eindeutige Aussage treffen: ein Hähnchen braucht schon ca. 75°, eine Pute hingegen ist bereits bei 60° Kerntemperatur fertig.

Gargut	Anbraten	Garzeit bei 80°
Schwein		
Filet (Medaillons)	2 Min.	40 Min.
Kotelett (240 g)	2 Min.	40 min.
Filet (ganz)	6 Min.	1 1/2 Std.
Spanferkel (1 kg)	6 Min.	3–3 1/2 Std.
Schulter (1,2 Kg)	8 Min.	4–4 1/2 Std.
Lende (1 kg)	6 Min.	2 1/2–3 Std.
Kalb		
Rückensteak (200 g)	4 Min.	1 Std. 10 Min.
Filet (ganz)	5 Min.	1 1/2 Std.
Haxe	8 Min.	5 Std.
Tafelspitz (750 g)	4 Min.	5 Std.
Braten (1,2 kg)	7 Min.	3–3 1/2 Std.
Rind		
Filet (Medaillons)	4 Min.	45 Min.
Filet (ganz)	6 Min.	1 1/2–2Std.
Braten (1 kg)	7 Min.	3–3 1/2 Std.
Schulter (1,7 kg)	5 Min.	5 Std.
Roastbeef (1 kg)	4 Min.	2 1/2 Std.
Rib Eye (2 kg)	6 Min.	5 Std.
Lamm		
Rückenfilet	4 Min.	25 Min.
Karree	2 Min.	40 Min.
Keule (1,5 kg)	8 Min.	5 1/2–6 Std.

Gargut	Anbraten	Garzeit bei 80°
Wild		
Rehrückenfilet (200 g)	2 Min.	1 Std.
Rehrückenfilet (ganz)	5 Min.	1 Std. 45 Min.
Rehbraten (1 kg)	7 Min.	2 1/2 Std.
Kaninchenrückenfilet (100 g)	1 Min.	40 Min.
Geflügel		
Entenbrustfilet	5 Min.	45 Min.
Hähnchenbrustfilet	4 Min.	30 Min.
Perlhuhnbrust (190 g)	3 Min.	35 Min.
Putenbraten (1,2 kg)	7 Min.	5 Std.
Ente (2,5 kg)	1 Std. bei 220°	5 1/2 Std.
Gans (4 kg)	1 Std. bei 220°	6 1/2 Std.
Fisch		
Thunfisch (400 g)	1 Min.	25 Min.
Dorade (480 g)	1 Min.	50 Min.
Bachsaibling (700 g)	0 Min.	55 Min.
Kabeljaufilet (220 g)	1 Min.	20 Min.
Seeteufel (170 g)	1 1/2 Min.	18 Min.
Schwertfischsteak (400 g)	1 Min.	30 Min.

Kochtechniken und Kochutensilien

Garen mit Niedrigtemperaturen erfordert nur wenig Vorbereitung. Beim Einkauf von Fleisch, Fisch und Geflügel sollten Sie auf Topqualität achten und sich bei Fragen von Ihrem Metzger oder Fischhändler beraten lassen, welches Stück für die Zubereitung am besten geeignet ist. Fleisch und Fisch werden vor der Zubereitung immer mit kaltem Wasser abgebraust und mit Küchenpapier trocken getupft. Entfernen Sie beim Fleisch eventuell noch vorhandene Sehnen und alles sichtbare Fett. Dann würzen Sie das Gargut entsprechend des Rezeptes.

Fleisch rundherum anbraten

Heizen Sie den Backofen auf 80° oder die im Rezept angegebene Temperatur vor. Anschließend braten Sie das Fleisch auf dem Herd rundherum an, ehe Sie es in den Ofen schieben. Durch das Anbraten schließen sich die Poren und das Fleisch erhält eine leichte Kruste, die das Austreten des Fleischsaftes verhindert und den Braten so vor dem Austrocknen schützt. Nehmen Sie zum Anbraten eine Pfanne oder einen Topf, die der Größe des Fleischstücks entsprechen, und verwenden Sie dazu Pflanzenöl, da dieses höhere Temperaturen verträgt und nicht so leicht verbrennt.

Garen im Backofen

Nach dem Anbraten geben Sie das Fleisch auf ein Blech oder in eine entsprechende Form und garen es im Backofen entsprechend der Angabe im Rezept. Wenn Sie einen Rost verwenden, sollten Sie ein Backblech darunter schieben, um austretendes Bratenfett aufzufangen. Während Fleisch oder Fisch im Backofen garen, haben Sie Zeit für Ihre Gäste und können sich in Ruhe den Beilagen und der Herstellung der Sauce widmen.
Bei manchen Rezepten wird das Fleisch am Ende der Garzeit noch einmal in der Pfanne vor dem Servieren erhitzt. Dazu können Sie Butter verwenden, weil die Pfanne nicht so hoch erhitzt wird wie beim Anbraten, und das Aroma der Butter den Geschmack des Bratens oder Fisches unterstreicht. Verwenden Sie auf jeden Fall immer vorgewärmte Teller zum Servieren, damit sich Fleisch, Fisch und Beilagen nicht zu sehr abkühlen.

Die richtige Temperatur ermitteln

Wer auf Nummer sicher gehen will, benutzt ein Bratenthermometer, das die Kerntemperatur misst. Es wird in die dickste Stelle des Fleisches gesteckt, darf aber nicht auf einen Knochen stoßen, da sonst das Ergebnis verfälscht würde. Das Fleisch wird einfach so lange gegart, bis die gewünschte Kerntemperatur erreicht ist. Deshalb bleibt das Bratenthermometer auch die gesamte Garzeit über im Fleisch stecken. Die Kerntemperatur beträgt bei einem »rosa« gebratenen Filetstück etwa 58–60°. Bei einem »blutig« gebratenen Steak« beträgt die Temperatur etwa 50°, »durch« ist es bei etwa 75–80°. Hilfreich ist auch ein Ofenthermometer: Es wird während der Garzeit in den Ofen gehängt und misst dessen Temperatur. Denn je nach Modell variiert die Garleistung von Backofen zu Backofen und sollte entsprechend angepasst werden.

Weitere Küchenutensilien

Für einen gelungenen Braten benötigen Sie darüber hinaus noch Töpfe in verschiedenen Größen von 18, 20, 24 und 28 cm Durchmesser und bei einigen Rezepten einen Bratschlauch. Im Bratschlauch garen Fleisch und Fisch im eigenen Saft und werden so besonders aromatisch. Zur Anwendung beachten Sie bitte die Anweisungen auf der Verpackung.

Praktisch: der Bratschlauch speichert Hitze und austretenden Bratsaft gleichermaßen.

Die häufigsten Fragen

Warum muss das Fleisch angebraten werden?

Durch das Anbraten von allen Seiten schließen sich die Poren des Fleisches, und der Braten erhält eine schützende Kruste. Dadurch bleibt der Fleischsaft im Braten und das Fleisch zart und saftig. Kleine Stücke werden bei starker Hitze kurz, größere Braten bei etwas milderer Hitze etwas länger von allen Seiten angebraten. Das gilt auch für die Bratenenden!

Was kann ich tun, wenn der Braten nach der angegebenen Garzeit noch nicht fertig ist?

Manche Backöfen können die Temperatur nicht konstant bei 80° halten oder die eingestellte Backtemperatur stimmt nicht mit der tatsächlich im Ofen herrschenden Temperatur überein. Testen Sie Ihren Ofen mit einem Backofenthermometer vorher (erhältlich im Haushaltswarengeschäft)! Kleinere Schwankungen zwischen 75° und 85° sind unbedenklich. Ist die Temperatur darunter, wird der Garvorgang ausgesetzt, erhöhen Sie dann kurzfristig die Temperatur, bis wieder 80° erreicht werden. Ist die Temperatur deutlich darüber, öffnen Sie die Ofentür, bis die Temperatur gesunken ist.

Kann ich das Fleisch abdecken, um den Garvorgang zu beschleunigen?

Nein, das Garen mit Niedrigtemperaturen erfordert Zeit und Geduld, dafür werden Sie mit einem unvergleichlichen Geschmackserlebnis belohnt. Damit die warme Luft das Fleisch gleichmäßig erreicht, sollten Sie es immer offen in einer flachen Form in den Ofen schieben. Bei großen Braten hingegen, die in einer angesetzten Sauce garen, sollte der Topf mit einem Deckel abgedeckt sein.

Muss ich zusätzliche Flüssigkeit beim Garen angießen?

Nein, denn im Gegensatz zum Braten bei hohen Temperaturen kocht der Bratensatz bei 80° nicht ein. Bei kleineren, rosa gebratenen Fleischstücken ist dies also nicht erforderlich. Bei größeren Fleischstücken empfiehlt es sich, einen Saucenansatz gleich mit in den Topf zu geben, der zusammen mit dem Fleisch gart.

Wann würze ich das Fleischstück?

Zu den Ammenmärchen in der Küche zählt der Glaube, Fleisch verlöre durch zu frühes Salzen an Saft. Sie können das Fleischstück schon vor dem Anbraten salzen und pfeffern und mit Senf bestreichen, so es im Rezept vorgesehen ist. Wichtig ist nur, dass Sie das Fleischstück sofort weiter verarbeiten, also gleich anbraten; bleibt es gewürzt eine Weile liegen, dann zieht das Fleisch Wasser, der Braten wird trocken.

Das Bratthermometer gibt Auskunft, was im Inneren des Garguts so vor sich geht.

Wie komme ich an eine Sauce für den Braten, wenn der Bratensaft im Fleisch bleibt?

Üppige Mengen an Sauce erhalten Sie beim Garen mit Niedrigtemperaturen nicht, auf eine köstliche Sauce müssen Sie aber dennoch nicht verzichten. Die Grundsaucen auf den folgenden Seiten eignen sich hervorragend zu den in diesem Buch vorgestellten Fleisch-, Geflügel- und Fischgerichten. Eine klassische Sauce erhalten Sie über den in den Rezepten beschriebenen Saucenansatz. Dabei werden zumeist Knochen und Fleischabschnitte mit Suppengemüse mitgegart und entsprechend Flüssigkeit zugegeben. Das Fleischstück gart zusammen mit diesen Zutaten; das Ergebnis: eine köstliche Sauce, die zum Schluss noch mit Sahne oder Butter verfeinert werden kann.

Dunkle Grundsaucen

Eine wirklich gute Sauce benötigt etwas Zeit, doch der Aufwand lohnt sich. Der Ansatz für dunkle Grundsaucen bleibt immer der Gleiche: Aus Knochen, Fleischabschnitten, Sehnen, Wurzelgemüse, Gewürzen und Wein wird je nach Fleischart eine aromatische Grundsauce zubereitet, die dann noch beliebig verfeinert werden kann. Passend zu der Fleischart nimmt man die entsprechenden Knochen (wie z.B. vom Kalb, Rind, Schwein, Reh, Hirsch, Geflügel oder Lamm).

Dunkle Grundsauce mit Aceto Balsamico

3 EL Pflanzenöl | 500 g Kalbsknochen
500 g Ochsenschwanzknochen, geteilt
1 Stück Knollensellerie (150 g)
2 Möhren (150 g) | 2 Zwiebeln (200 g)
4 Zweige Thymian
1 TL schwarze Pfefferkörner
2 Lorbeerblätter | 10 Wacholderbeeren
2 EL Tomatenmark
1 Flasche kräftiger Rotwein (750 ml, z.B. Cabernet Sauvignon) | 1 EL Mehl (Type 405)
1,6 l Gemüsefond (aus dem Glas)
50 ml Aceto Balsamico | Salz

Für ca. 1 Liter Sauce (für den Vorrat)
ca. 3 Std. Garzeit

1 Das Pflanzenöl in einem großen Topf (28 cm ø) erhitzen, Kalbsknochen und Ochsenschwanzknochen dazugeben und 15 Min. bei mittlerer Hitze rösten. Dabei gelegentlich umrühren.

2 Inzwischen das Gemüse waschen, schälen und putzen. Sellerie, Möhren und Zwiebeln in etwa 2 cm große Würfel schneiden. Den Thymian waschen und trockenschütteln. Dann mit den Gewürzen und Kräutern zu den Knochen geben, mit 2 Prisen Salz würzen und weitere 5 Min. rösten.

3 Tomatenmark dazugeben und 5 Min. mitrösten. Mit einem Schuss Rotwein ablöschen, vollständig einkochen lassen. Mit Mehl bestäuben, durchrühren und wieder mit einem Schuss Rotwein ablöschen. Vorgang nochmals wiederholen. Aceto Balsamico dazugießen, etwas einkochen lassen. Mit dem restlichen Rotwein und der Gemüsefond oder Wasser aufgießen, aufkochen lassen.

4 Die Sauce bei geringer Hitze 2 1/2 Std. offen köcheln lassen. Dann durch ein feines Sieb passieren und nach Bedarf weiterverarbeiten. Zum Aufbewahren noch heiß in saubere (am besten ausgekochte Gläser) füllen, verschließen, abkühlen lassen und im Kühlschrank aufbewahren. Oder abkühlen lassen und Portionsweise einfrieren.

TIPP **Man kann die Knochen auch im Ofen bei 180° (Umluft) solange rösten, bis sie eine dunkle Farbe angenommen haben und dann wie oben beschrieben weiterverarbeiten. Der Vorteil dabei: Im Ofen rösten die Knochen gleichmäßig, kein lästiges Spritzen durch Fett und die Küchenluft bleibt angenehm.**

Pfeffersauce mit Orangenmarmelade und Weinbrand

1 ½ EL Orangenmarmelade
80 ml Orangensaft, frisch gepresst
30 ml Weinbrand
500 ml dunkle Grundsauce (s. Seite 10)
1 EL kalte Butter
Salz
schwarzer Pfeffer aus der Mühle

Für 4 Personen | ca. 10 Min. Zubereitung

1 Die Orangenmarmelade in einem kleinen Topf (18 cm ø) erwärmen, mit Orangensaft ablöschen und 2 Min. bei mittlerer Temperatur köcheln lassen. Weinbrand und Grundsauce dazugeben, aufkochen lassen und etwa 5 Min. köcheln lassen.

3 Die kalte Butter in kleine Würfel schneiden und mit dem Schneebesen nach und nach einrühren. Die Sauce mit Salz und reichlich schwarzem Pfeffer abschmecken.

TIPP **Die kalte Grundsauce vor dem Weiterverarbeiten entfetten, d.h. die kalte Fettschicht entfernen. Die Pfeffersauce ist eine Ableitung der dunklen Grundsauce und schmeckt zu gebratenem Rind, Ente, Schwein und Geflügel.**

Morchelrahmsauce mit Portwein und Gin

10 g getrocknete Morcheln
1 kleine Schalotte (30 g)
1 EL Butter | 1 EL Gin
100 ml weißer Portwein
400 ml dunkle Grundsauce (s. Seite 10)
200 g Sahne | Salz
schwarzer Pfeffer aus der Mühle

Für 4 Personen | ca. 15 Min. Zubereitung

1 Die Morcheln in lauwarmes Wasser legen und etwa 30 Min. quellen lassen, dabei das Einweichwasser mehrmals wechseln. Die Morcheln in einem Sieb abtropfen lassen. Größere Exemplare halbieren.

2 Die Schalotte abziehen, halbieren und fein würfeln. Die Butter in einem kleinen Topf (18 cm ø) aufschäumen lassen, die Schalotten darin etwa 3 Min. glasig dünsten. Die Morcheln zugeben, dann alles mit Gin und Portwein ablöschen, aufkochen und bei mittlerer Hitze etwa 5 Min. köcheln lassen. Nun die entfettete Grundsauce dazugeben, erneut aufkochen und weitere 3 Min. einkochen lassen.

4 Zum Schluss die Sahne dazugießen und gute 10 Min. sämig einkochen lassen. Die Morchelrahmsauce mit Salz und Pfeffer abschmecken.

Schnelle Saucen

Eine gute Sauce benötigt nicht immer eine lange Vorbereitungszeit. Überraschen Sie Ihre Gäste oder Ihre Familie mit pfiffigen, schnell zubereiteten Saucen. So haben Sie, während der Braten langsam im Ofen gart, mehr Zeit für Ihre Lieben.

Limettensauce mit Wodka

200 g Sahne
Abrieb von ½ Bio-Limette und einige Spritzer Limettensaft
100 ml Gemüsefond (aus dem Glas)
1 EL Wodka
½ TL Stärke
½ Bund glatte Petersilie (abgezupft etwa 15 g)
Salz
schwarzer Pfeffer aus der Mühle
1 Msp. Cayennepfeffer
2 EL kalte Butter

Für 4 Personen | ca. 15 Min. Zubereitung

1 Die Sahne in einem Topf (20 cm ø) erhitzen und in 4–5 Min. sämig einkochen lassen. Einige Tropfen Limettensaft und Limettenabrieb einrühren. Gemüsefond und Wodka dazugeben und weitere 2 Min. köcheln lassen.

2 Die Stärke mit einem Schuss kaltem Wasser glatt rühren. Die Stärke in die kochende Sauce rühren und unter ständigem Rühren 2–3 Min. durchkochen lassen.

3 Die Petersilie waschen, trockenschütteln, die Blättchen abzupfen und grob schneiden. Die Sauce mit Salz, Pfeffer und Cayennepfeffer abschmecken. Die Petersilie einrühren.

4 Die kalte Butter in kleine Würfel schneiden und mit dem elektrischen Pürierstab nach und nach in die Sauce mixen.

TIPP Die frische grüne Sauce schmeckt zu gebratenem Schwein, Rind, Kalb, Fisch und Geflügel.

Rote-Bete-Sauce

100 ml Rote-Bete-Saft (Reformhaus)
150 g Sahne
50 g Crème fraîche
1 TL Sahnemeerrettich (aus dem Glas)
1 EL kalte Butter | Salz
schwarzer Pfeffer aus der Mühle
etwas gemahlener Kümmel

Für 4 Personen | ca. 5 Min. Zubereitung

1 Den Rote-Bete-Saft in einem kleinen Topf (18 cm ø) erhitzen und 2 Min. köcheln lassen. Die Sahne dazugeben und weitere 3 Min. köcheln lassen. Nun die Crème fraîche und den Sahnemeerrettich einrühren und alles aufkochen lassen.

2 Die kalte Butter in kleine Stücke schneiden und mit dem Pürierstab in die Rote-Bete-Sauce mixen. Mit Salz, Pfeffer und Kümmel abschmecken.

TIPP **Die schaumige Sauce passt zu gebratenem oder gekochtem Fisch, Kalb und Geflügel**

Mangosauce mit Curry

½ reife Mango (150 g) ohne Kern
1½ EL Butter
½ TL Akazienhonig
1 Msp. Currypulver
250 ml Orangensaft, frisch gepresst
100 g Sahne | Salz
schwarzer Pfeffer aus der Mühle

Für 4 Personen | ca. 20 Min. Zubereitung

1 Die Mango schälen, das Fruchtfleisch vom Stein schneiden und klein würfeln.

2 1/2 EL Butter in einem Topf (20 cm ø) aufschäumen lassen, Mangowürfel darin etwa 2 Min. bei mittlerer Hitze dünsten, dann den Honig und das Currypulver einrühren. Mit dem Orangensaft ablöschen und 3 Min. köcheln lassen. Die Sahne dazugeben und weitere 2 Min. köcheln lassen.

3 Die restliche kalte Butter in kleine Würfel schneiden. Die Sauce mit dem Pürierstab fein mixen, nach und nach die Butterwürfel einmixen und mit Salz und Pfeffer abschmecken.

TIPP **Die Sauce passt zu Ente, Geflügel, Schwein, Kalb, Fisch und Meeresfrüchte**

Warme Saucen

Warme Saucen runden jedes Gericht, das aus dem Ofen kommt, geschmacklich ab. Nicht umsonst sind manche von ihnen zu echten Klassikern geworden und aus der feinen Küche nicht mehr wegzudenken. Im Folgenden finden Sie den Klassiker schlechthin, die Sauce hollandaise, mit zwei einfachen, aber dennoch beeindruckenden Variationen.

Sauce hollandaise »klassisch«

150 g Butter
2 Eigelbe (Größe M)
50 ml Weißwein
1 TL Worcestersauce
Salz
schwarzer Pfeffer aus der Mühle
Cayennepfeffer
etwas Zitronensaft

Für 4 Personen | ca. 15 Min. Zubereitung

1 Die Butter bei geringer Hitze in einem kleinen Topf (18 cm ø) schmelzen lassen.

2 Eigelbe mit Weißwein in einer Metallschüssel mit rundem Boden (Schlagkessel) verrühren und mit Worcestersauce, Salz, Pfeffer und Cayennepfeffer würzen. Über einem heißen Wasserbad mit einem Schneebesen in ca. 3 Min. zu einer cremigen, luftigen Masse schlagen; dann die Schüssel vom Wasserbad nehmen.

3 Die flüssige, nicht zu heiße Butter unter ständigem Rühren langsam, mit einem Schneebesen verrühren. Zum Schluss die Sauce mit einigen Tropfen Zitronensaft abschmecken und je nach Rezept weiterverarbeiten.

TIPP Dieses Saucenrezept gilt als Klassiker zu Kartoffeln, Spargel, Fleisch- und Fischgerichten. Sollte die Sauce gerinnen, d. h., Eigelbe und Butter vermischen sich nicht glatt miteinander, dann kann dem mit einem Schuss eiskaltem Wasser oder 1 EL geschlagener Sahne abgeholfen werden. Wasser oder Sahne am Schüsselrand unter ständigem Rühren langsam zugießen.

Rote Sauce hollandaise

1 Grundrezept klassische Sauce hollandaise
(s. Seite 14)
3 EL Ketchup

Für 4 Personen | ca. 15 Min. Zubereitung

1 Die Sauce nach dem Grundrezept der klassischen Sauce hollandaise zubereiten. Zum Schluss nach und nach das Tomatenketchup einrühren.

TIPP **Der Geschmack erinnert an eine »warme« Cocktailsauce, sie passt daher auch wunderbar zu gebratenem Fisch oder zu Garnelen. Sie schmeckt natürlich auch zu Fleisch, wie z.B. Roastbeef mit lauwarmem Gewürzöl (siehe S. 61).**

Grüne Sauce hollandaise

½ Bund glatte Petersilie
2 Zweige Dill
1 Zweig Estragon
6–8 mittelgroße Basilikumblätter
1 kleiner Bund Schnittlauch
3 EL Olivenöl
1 Grundrezept klassische Sauce hollandaise
(s. Seite 14)

Für 4 Personen | ca. 20 Min. Zubereitung

1 Die Kräuter waschen, trockenschütteln, die Blättchen abzupfen und grob schneiden. Den Schnittlauch separat in feine Röllchen schneiden und beiseite legen. Petersilie, Dill, Estragon und Basilikum in ein hohes Gefäß geben, das Olivenöl zugeben und mit dem Pürierstab schnell zu einer feinen Paste mixen. Dann den Schnittlauch einrühren.

2 Die Sauce hollandaise nach dem Grundrezept zubereiten. Zum Schluss die grüne Paste einrühren.

TIPP **Die Sauce passt zu gebratenem oder gekochtem Schwein, Rind, Lamm, Geflügel, aber auch zu gebratenem oder gekochtem Fisch und Meeresfrüchten.**

Kalte Saucen

Fruchtige Aromen und exotische Gewürze entfalten sich in kalten Saucen besonders raffiniert. Dips und Salsas verleihen sanft gegartem Fleisch, Geflügel und Fisch eine erfrischende Note.

Paprikasalsa mit Tomaten und Gin

1 Tomate (100 g)
1 kleine rote Paprika (200 g)
1 St. Staudensellerie (40 g)
3 EL Tomatenketchup
120 g passierte Tomaten (aus der Dose)
einige Spritzer Worcestersauce
einige Spritzer Zitronensaft
einige Spritzer Gin
Salz
schwarzer Pfeffer aus der Mühle
Cayennepfeffer

Für 4 Personen | ca. 10 Min. Zubereitung

1 Die Tomate waschen, grünen Strunk entfernen, vierteln, entkernen und das Fruchtfleisch in kleine Würfel schneiden. Die Paprika waschen, halbieren, entkernen, weiße Samenwände entfernen und die Hälften ebenfalls klein schneiden. Den Staudensellerie waschen und in feine Würfel schneiden.

2 Tomatenketchup und passierte Tomaten miteinander verrühren, Tomaten, Paprika und Staudensellerie unterheben und mit Worcestersauce, Zitronensaft, Gin, Salz, Pfeffer und Cayennepfeffer pikant abschmecken.

TIPP **Staudenselleriebblätter waschen, abzupfen und fein hacken. Ganz zum Schluss unter die Salsa rühren.
Diese Paprikasalsa passt zu gebratenem oder gegrilltem Geflügel, Kalb, Schwein, Lamm und Rind. Aber auch gebratener Fisch und Riesengarnelen eignen sich hervorragend dazu.**

Joghurt-Avocado-Dip mit vielen Kräutern

1 reife Avocado (230 g)
einige Spritzer Zitronensaft
150 g Naturjoghurt
2 Prisen Zucker
Salz
schwarzer Pfeffer aus der Mühle
20 g gemischte Kräuter, z.B. Dill, Zitronenmelisse, Sauerampfer, Kerbel, Schnittlauch, je nach Geschmack noch ein paar Blätter Rucolasalat

Für 4 Personen | ca. 10 Min. Zubereitung

TIPPS **Der Joghurt-Avocadodip passt zu gebratenem oder gegrilltem Geflügel, Kalb und Lamm. Aber auch gebratener Fisch und Riesengarnelen schmecken hervorragend dazu.**
Variieren Sie die Kräuter nach Lust und Saison. Im Frühling gibt Bärlauch eine leichte Knoblauchnote. Außerdem eignen sich z.B. Minze, Estragon, Brunnenkresse, glatte Petersilie oder Pimpenelle.

1 Die Avocado halbieren, den Kern entfernen. Das Fruchtfleisch mit dem Löffel herausheben, in kleine Würfel schneiden und mit Zitronensaft beträufeln.

2 Den Joghurt glatt rühren, die marinierten Avocadowürfel unterheben und mit Zucker, Salz und Pfeffer abschmecken.

3 Die Kräuter waschen, trockenschütteln und die Blättchen abzupfen. Dill, Zitronenmelisse, Sauerampfer und Kerbel grob schneiden. Den Schnittlauch in feine Röllchen schneiden. Den Rucola von groben Stielen befreien und grob schneiden.

4 Kräuter und Rucola mit dem Joghurt-Avocado-Dip verrühren und nochmals mit Salz und Pfeffer abschmecken.

Buttermischungen

Wer die Buttermischungen auf Vorrat oder schon am Vortag zubereitet, sollte sie etwa 1 Std. vor dem Servieren aus dem Kühlschrank nehmen: Die Aromen können sich so besser entfalten. Zum Verpacken dann einfach auf ein Stück Backpapier geben, aufrollen, an den Enden eindrehen oder mit Küchengarn zubinden.

Scharfe Currybutter mit Szechuanpfeffer

100 g weiche Butter
½ TL Szechuanpfeffer
¼ Vanilleschote
1 dünne Scheibe Ingwer
1 TL Currypulver
2 Prisen Chiliflakes (getrocknete Chiliflocken)
Meersalz (z.B. Fleur de Sel)
schwarzer Pfeffer aus der Mühle

Für 4 Personen |
ca. 10 Min. Zubereitung

1 Die weiche Butter mit dem Handrührgerät in 5 Min. weiß-schaumig aufschlagen. Den Szechuanpfeffer im Mörser fein zerreiben. Die Vanilleschote der Länge nach aufritzen und das Mark mit dem Messerrücken herausschaben. Die Ingwerscheibe schälen und fein schneiden.

2 Die schaumige Butter mit Szechuanpfeffer, Vanillemark, Ingwer und Curry verrühren und mit Chiliflakes, Meersalz und Pfeffer abschmecken.

TIPP **Die Currybutter passt zu gebratenem Fisch, Geflügel, Lamm und Rind.**

Grobe Senfbutter mit Thymian

100 g weiche Butter
2 Thymianzweige
1 TL grobkörniger Senf
1 TL mittelscharfer Senf
Meersalz (z.B. Fleur de Sel)
schwarzer Pfeffer aus der Mühle
Cayennepfeffer

Für 4 Personen |
ca. 10 Min. Zubereitung

1 Die weiche Butter mit dem Handrührgerät in 5 Min. weiß-schaumig aufschlagen. Den Thymian waschen, trockenschütteln, die Blättchen abzupfen und grob schneiden.

2 Die schaumige Butter mit den beiden Senfsorten und dem Thymian verrühren und mit Meersalz, Pfeffer und Cayennepfeffer abschmecken.

TIPP **Die Senfbutter passt zu gebratenem Schwein, Kalb, Rind, Lamm und Fisch.**

Espressobutter mit Kardamom

100 g weiche Butter
4 EL kalter Espresso (40 ml)
1 Prise gemahlener Kardamom
etwas frisch geriebene Muskatnuss
Meersalz (z.B. Fleur de Sel) oder Sojasauce
schwarzer Pfeffer aus der Mühle

Für 4 Personen |
ca. 10 Min. Zubereitung

1 Die weiche Butter mit dem Handrührgerät in 5 Min. weiß-schaumig aufschlagen; dabei den Espresso langsam einrühren.

2 Die Espresso-Butter mit Kardamom, Muskatnuss, Meersalz oder einigen Tropfen Sojasauce und reichlich schwarzem Pfeffer würzen.

TIPPS **Die Sojasauce rundet die Espressobutter im Geschmack ab, außerdem ersetzt sie das Salz.**
Die Espressobutter passt zu gebratenem Rindfleisch, Reh oder Hirsch.
Die Espressobutter kann man z.B. auch als Brotaufstrich genießen. Dafür einfach Weißbrotscheiben toasten, mit der Butter bestreichen und z.B. zum Aperitif reichen.

Zitronenbutter mit Wermut und frischem Dill

100 g weiche Butter
1 Spritzer weißen Wermut (z.B. Noilly Prat)
½ Zitrone
2 Zweige Dill
2 Prisen Chiliflakes (getrocknete Chiliflocken)
1 Prise Zucker
Meersalz (z.B. Fleur de Sel)
schwarzer Pfeffer aus der Mühle

Für 4 Personen |
ca. 10 Min. Zubereitung

1 Die weiche Butter mit dem Handrührgerät in 5 Min. weiß-schaumig aufschlagen und 1 Spritzer Wermut einrühren.

2 Die Zitronenschale mit einem scharfen Messer so abschneiden, dass auch die weiße bittere Haut mitentfernt wird. Die einzelnen Zitronenfilets aus den Trennhäuten herauslösen und in kleine Stücke schneiden.

3 Den Dill waschen, trockenschütteln, abzupfen und grob schneiden. Die Zitronenfilets und den Dill unter die Butter rühren. Die Zitronenbutter mit Chiliflakes, Zucker, Meersalz und Pfeffer abschmecken.

TIPPS **Die Zitronenbutter passt zu gebratenem Fisch, Meeresfrüchten, Kalb oder Geflügel. Die Zitronenbutter unter gekochte Spaghetti rühren und im Handumdrehen ist ein schnelles und raffiniertes Pastagericht kreiert. Dann noch ein paar Shrimps (in Lake) darüberstreuen – fertig!**

Aromasalze

Schnell gemacht und trotzdem raffiniert sind mit verschiedensten Kräutern, Gewürzen und Früchten gemischte Salze. Entweder werden Sie vor dem Garen ins Fleisch einmassiert oder zum fertig gegarten Gericht serviert.

Orangen-Zimt-Salz mit Minze

1 EL grobes Meersalz (z.B. Fleur de Sel)
1 Msp. abgeriebene Bio-Orangenschale
1 Prise Zimt, gemahlen
1 Zweig glatte Petersilie
2–3 Minzeblätter

Für 4 Personen | ca. 5 Min. Zubereitung

1 Das Meersalz mit der Orangenschale und dem Zimt verrühren.

2 Die Kräuter waschen, Blättchen abzupfen, am besten mit einem Küchenpapier trockentupfen und fein schneiden. Das Salz mit den Kräutern verrühren.

TIPP **Das Orangen-Zimt-Salz mit Minze passt zu gebratenem Lamm, Rind, Schwein und Geflügel. Auch zu gebratenen Riesengarnelen, Jakobsmuscheln und Seeteufel harmoniert es vorzüglich.**

Kümmelsalz mit Maulbeeren und Piment

10 St. getrocknete Maulbeeren
1 EL grobes Meersalz (z.B. Fleur de Sel)
1 Msp. gemahlener Kümmel
1 Msp. gemahlener Piment

Für 4–6 Personen | ca. 5 Min. Zubereitung

1 Die Maulbeeren möglichst klein schneiden und mit Meersalz, Kümmel und Piment verrühren.

TIPP **Das Kümmelsalz passt zu gebratenem Schwein oder Spanferkel.**

Tomatensalz mit Basilikum

1 EL getrocknete Tomatenflocken
1 EL grobes Meersalz (z. B. Fleur de Sel)
4 mittelgroße Basilikumblätter

Für 4–6 Personen
ca. 7 Min. Zubereitung

1 Die Tomatenflocken mit einem scharfen Messer möglichst fein hacken. Die Basilikumblätter waschen, trockentupfen und sehr fein schneiden.

2 Das Meersalz mit den fein gehackten Tomaten und dem Basilikum mischen.

TIPP **Das »Allroundsalz« passt zu gebratenem oder gedünstetem Rind, Schwein, Lamm, Kaninchen, Geflügel, zu Fisch, Meeresfrüchten und zu Muscheln. Außerdem auch zu angemachten Salaten, Mozzarella und Gemüsegerichten.**

Veilchensalz mit gerösteten Mandeln

1 TL gehobelte Mandeln
1 EL grobes Meersalz, (z.B. Fleur de Sel)
3 kandierte Veilchen (Feinkostgeschäft)

Für 4–6 Personen |
ca. 5 Min. Zubereitung

1 Die Mandeln in einer Pfanne ohne Fett etwa 1 Minute goldbraun rösten und abkühlen lassen.

2 Die Mandeln im Mörser fein reiben, die Veilchen dazugeben und grob zerstoßen. Das Meersalz mit Mandeln und Veilchen verrühren.

TIPP Das Veilchensalz passt zu gebratenem Lamm, Schwein, Geflügel, Ente, Kaninchen und Kalb.

INFO Sämtliche Aromasalze lassen sich problemlos auch auf Vorrat zubereiten. Die Salze in ein sauberes, verschließbares Glas füllen und an einem nicht zu hellen Ort aufbewahren. Die Zutaten trocknen durch das Salz aus und halten durchaus 2 Wochen.

Vanillesalz mit Curry

1 Vanilleschote
1 EL grobes Meersalz (z.B. Fleur de Sel)
1 Msp. Currypulver

Für 4 Personen |
ca. 5 Min. Zubereitung

1 Die Vanilleschote der Länge nach aufritzen, das Mark am besten mit dem Messerrücken herausschaben. Das Vanillemark mit Meersalz und Curry verrühren.

TIPP Das Vanillesalz mit Curry passt zu gebratenem Lamm, Rind, Ente und Geflügel, aber auch zu gebratenem Fisch, z.B. Schwertfisch mit Passionsfrucht (siehe S. 139) sehr gut.

Chilisalz mit Ingwer und Knoblauch

2 dünne Scheiben frischer Ingwer
2 dünne Scheiben Knoblauch
1 kleiner Korianderzweig
1 EL grobes Meersalz (z.B. Fleur de Sel)
1 Prise Chiliflakes (getrocknete Chiliflocken)

Für 4 Personen |
ca. 10 Min. Zubereitung

1 Ingwer und Knoblauch schälen und in möglichst feine Würfel schneiden. Den Koriander waschen, trockenschütteln, die Blättchen abzupfen und möglichst fein schneiden.

2 Das Meersalz mit Ingwer, Knoblauch und Koriander verrühren und mit Chiliflakes verfeinern.

TIPP Das Chilisalz passt zu gebratenem Lamm, Rind, Ente, Geflügel, Schwein, Fisch und Meeresfrüchten mit leicht asiatischer Note.

KLEIN UND FEIN

Fleischstücke bis 500 Gramm

Zartes Filet, exklusive Rücken und Besonderes vom Geflügel: Hier finden Sie sanft gegarte Gerichte für zwei Personen zum Schlemmen, Genießen und Verwöhnen.

Lauwarmes Rindercarpaccio mit Bohnen und Champignons

250 g Rinderfilet
½ Knoblauchzehe
3 EL Olivenöl
Meersalz (z.B. Fleur de Sel)
frisch gemahlener schwarzer Pfeffer

Für das Gemüse
200 g grüne breite Bohnen
2 Zweige frisches Bohnenkraut
Salz
2 mittelgroße Champignons
etwas frisch gehobelter Parmesan
alter Aceto Balsamico, z.B. 6 Jahre alt

Außerdem
Klarsichtfolie
Gemüse- oder Trüffelhobel

Für 2 Personen | ca. 15 Min. Zubereitung | 11–12 Min. Garzeit
Pro Portion ca. 370 kcal, 34 g EW, 24 g F, 4 g KH

1 Den Backofen auf 80° (Ober- und Unterhitze) vorheizen. Das Rinderfilet kalt abbrausen, mit Küchenpapier trockentupfen und von evtl. Sehnen befreien. Das Fleisch mit einem scharfen Messer in dünne Scheiben schneiden, diese dann mit dem Messer flach streichen.

2 Eine große Platte oder 2 Teller mit der Schnittfläche der 1/2 Knoblauchzehe einreiben, mit 1 EL Olivenöl beträufeln und mit je 1 Prise Meersalz und Pfeffer würzen. Das Fleisch darauf auslegen, nochmals mit 1 EL Olivenöl beträufeln und Meersalz und Pfeffer würzen und mit Klarsichtfolie gut abdecken. Die Platte bzw. den Teller für ca. 11–12 Min. in den Backofen (Mitte) geben und das Fleisch rosa garen.

3 Inzwischen die Bohnen putzen, Enden abknipsen und schräg in dünne Streifen schneiden. Einige Blättchen Bohnenkraut beiseite legen. Bohnen und restliches Bohnenkraut in kochendem Salzwasser in 7–8 Min. bissfest garen, in einem Sieb abgießen, eiskalt abschrecken und abtropfen lassen. Champignons putzen und mit einem Küchenpapier abreiben.

4 Kurz vor dem Servieren das Bohnenkraut fein schneiden. Restliches Olivenöl in einer Pfanne erhitzen, Bohnen darin wieder erwärmen, mit Salz, Pfeffer und dem klein geschnittenen Bohnenkraut abschmecken.

5 Rindercarpaccio aus dem Ofen nehmen, Klarsichtfolie entfernen, evtl. Bluttropfen mit einem Küchenpapier abtupfen und den Bohnensalat darauf verteilen. Die Champignons hauchdünn darüber hobeln und mit Parmesanspänen bestreuen. Nach Belieben mit einigen Tropfen altem Aceto Balsamico beträufeln und mit frisch gemahlenem Pfeffer und z. B. mit Bohnenkraut bestreut servieren. Dazu passen frisch aufgebackenes Baguette oder Ciabatta.

VARIANTE **Anstelle des Bohnensalats passt auch jegliche Art von angemachten Blattsalaten.**

TIPP **Die Parmesanspäne kann man ganz einfach mit dem Sparschäler von einem größeren Stück Parmesan abschälen. Das funktioniert auch mit einem Gemüse- oder Trüffelhobel.**

GARPUNKT *Nach der im Rezept angegebenen Garzeit ist das Rindercarpaccio zart-rosa. Wer es lieber »durch« bevorzugt, lässt das Fleisch 6–7 Min. länger im Ofen. Der Geschmack bleibt, nur die Farbe ändert sich, d.h. die Fleischscheiben sind dann eher grau.*

Doppeltes Rinderfiletsteak mit Estragonbutter, Kohlrabi und Spargel

500 g Rinderfilet aus dem Mittelstück
Salz
frisch gemahlener schwarzer Pfeffer
1 EL Pflanzenöl
Meersalz (z.B. Fleur de Sel)

Für das Gemüse

1 Kohlrabi (ca. 400 g)
250 g weißer Spargel
1 Frühlingszwiebel (30 g)
1 EL Butter
150 ml Gemüsefond (aus dem Glas)
2 Prisen Zucker

Für die Estragonbutter

2 EL Butter
1 Zweig Estragon

Außerdem

Bratenthermometer

Für 2 Personen | ca. 20 Min. Zubereitung | 2 Std. 45 Min. Garzeit
Pro Portion ca. 540 kcal, 59 g EW, 28 g F, 12 g KH

1 Den Backofen auf 80° (Ober- und Unterhitze) vorheizen. Das Rinderfilet kalt abbrausen, mit Küchenpapier trockentupfen und von evtl. Sehnen befreien. Das Rinderfilet auf die Schnittfläche stellen und mit der Handinnenfläche leicht flach drücken. Das Fleisch ringsherum kräftig mit Salz und Pfeffer einreiben.

2 Das Öl in einer Pfanne erhitzen, Fleisch darin etwa 2 Min. bei starker Hitze anbraten, wenden und bei mittlerer Hitze weitere 2 Min. ringsherum braten. Das Fleisch auf den Rost (Mitte) legen, ein Backblech als Tropfschutz darunter schieben und zur besseren Kontrolle der Kerntemperatur das Bratenthermometer ins Fleisch stecken. In etwa 2 Std. und 45 Min. rosa garen.

3 Für das Gemüse den Kohlrabi schälen und in mundgerechte Stifte schneiden. Den Spargel schälen, holzige Enden abschneiden und die Stangen schräg in etwa 1 cm dicke Scheiben schneiden. Die Frühlingszwiebel waschen, putzen und schräg in feine Ringe schneiden.

4 10 Min. vor Garzeitende des Filets 1 EL Butter in einem Topf erwärmen. Kohlrabi und Spargel darin 1 Min. bei mittlerer Hitze leicht anbraten, mit dem Gemüsefond ablöschen, aufkochen und mit 2 Prisen Zucker und Salz würzen. Zugedeckt 9 Min. bei geringer Hitze köcheln lassen. Die Frühlingszwiebel dazugeben, 1 Min. darin ziehen lassen, salzen und pfeffern.

5 Zum Nachbraten des Fleisches 2 EL Butter in einer kleinen Pfanne aufschäumen lassen, den Estragonzweig einlegen und kurz durchschwenken. Das Fleisch aus dem Ofen nehmen, mehrmals in der heißen Butter wenden und herausnehmen. Das Fleisch mit einem scharfen Messer quer zur Faser aufschneiden und mit dem Gemüse auf vorgewärmten Tellern anrichten. Mit der Estragonbutter beträufeln, nach Geschmack die Schnittflächen mit frischem Pfeffer und Meersalz würzen, z. B. mit Estragon garnieren und servieren. Als Beilage passen in Olivenöl gebratene kleine Kartoffeln.

INFO **Das doppelte Rinderfiletsteak nennt man in der Fachsprache auch »Chateaubriand«. Es wird aus dem Mittelstück des Rinderfilets zwischen Filetkopf und Filetendstück herausgeschnitten. Der Name des Filetstücks ist eine Referenz an den französischen Schriftsteller und Außenminister François-René de Chateaubriand, der für seine großzügigen Feste und als Gourmet bekannt war.**

Gebratenes Kalbsrückensteak mit Mango, Trevisano und Basilikum

2 Kalbsrückensteaks à 200 g
Salz
frisch gemahlener schwarzer Pfeffer
2–3 Prisen Currypulver
2 EL Pflanzenöl
½ Mango (ca. 130 g ohne Kern)
… 150 g, ersatzweise Radicchio)
…kumblätter
…in. Zubereitung |
…5 g EW, 20 g F, 16 g KH

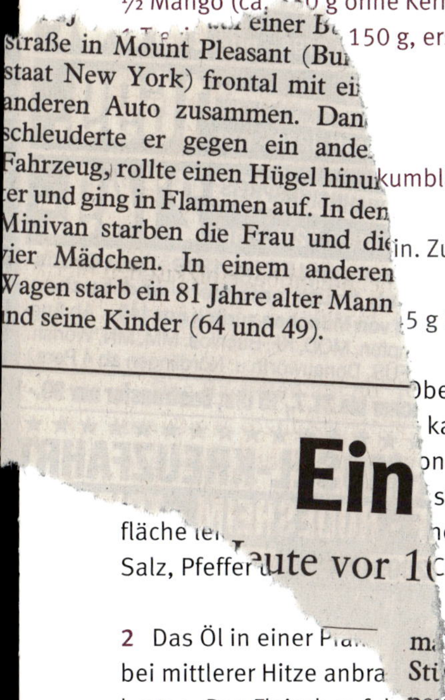
… einer B…
straße in Mount Pleasant (Bu…
staat New York) frontal mit ei…
anderen Auto zusammen. Dan…
schleuderte er gegen ein ande…
Fahrzeug, rollte einen Hügel hinu…
ter und ging in Flammen auf. In den
Minivan starben die Frau und di…
vier Mädchen. In einem anderen
Wagen starb ein 81 Jahre alter Mann
und seine Kinder (64 und 49).

Ein

…ute vor 1…

1 …Ober- und Unterhitze) vorhei- … kalt abbrausen, mit Küchen- …on evtl. Sehnen befreien. Die … stellen, mit der Handinnenfläche le… …nd von beiden Seiten mit Salz, Pfeffer … Curry würzen.

2 Das Öl in einer P… …tzen, Fleisch darin 2 Min. bei mittlerer Hitze anbra… …wenden und noch 2 Min. braten. Das Fleisch auf den Ofenrost (Mitte) legen und ein Backblech als Tropfschutz darunter schieben. In 1 Std. 10 Min. garen.

3 Die Mango schälen und in etwa 1/2 cm dicke Scheiben schneiden. Den Trevisano putzen und der Länge nach in 8 gleich große Stücke schneiden. Den Strunk schräg abschneiden, so dass die Blätter gerade noch zusammenhalten.

4 Kurz vor dem Servieren 1 EL Butter in einer Pfanne aufschäumen lassen, Trevisano einlegen, mit Puderzucker bestreuen, leicht salzen und 1 Min. bei mittlerer Hitze braten. Den Salat vorsichtig wenden, Mangospalten einlegen, kurz braten, mit Orangensaft ablöschen und die Pfanne vom Herd ziehen.

5 Basilikum waschen, trockentupfen und die Blättchen in Streifen schneiden. 1 TL Butter in einer Pfanne aufschäumen lassen und Basilikum dazugeben. Kalbsrückensteaks aus dem Ofen nehmen und in der heißen Butter mehrmals wenden. Trevisano und Mango auf vorgewärmten Tellern anrichten und mit den Steaks servieren.

TIPP **Wer es nicht ganz so bitter mag, kann auch Romanasalatherzen verwenden.**

INFO **Radicchio di Trevisano wird vorwiegend in Italien angebaut und ist dem bekannteren hellen Chicorée in der Form sehr ähnlich. Er eignet sich durch seine feste Struktur gut zum Dünsten. Aber auch roh, gemischt mit anderen Blattsalaten, besticht er durch seinen intensiven und herben Geschmack. Außerdem ist er sehr gesund, denn seine bitteren Inhaltsstoffe regen den Stoffwechsel an.**

Kalbsfilet im Pergament mit grünem Papayasalat und Erdnüssen

2 Kalbsfilets à 200 g, aus der Mitte
1 Stängel frisches Zitronengras
4 frische Kaffir-Limettenblätter (Asienladen)
1 Stück Ingwer (ca. 3 cm)
1 Knoblauchzehe
1 Stück Galgant (ca. 3 cm, Asienladen)
1 kleine rote Chilischote
ca. 8 Zweige Koriandergrün
Salz
frisch gemahlener schwarzer Pfeffer
2 EL Pflanzenöl
1 TL Butter

Für den Papayasalat
400 g grüne Papaya (Asienladen)
1 Frühlingszwiebel
40 g Erdnüsse (geröstet und gesalzen)
½ Knoblauchzehe
½ kleine rote Chilischote
½ Bund Koriandergrün
Saft von 1 Limette (ca. 40 ml)
1 TL Fischsauce (Asienladen)
1 TL brauner Zucker

Außerdem
2 Stücke Pergamentpapier (etwa 80 cm lang/38 cm breit, ersatzweise Backpapier)
Gemüsehobel

Für 2 Personen | ca. 30 Min. Zubereitung | 1 Std. 15 Min. Garzeit
Pro Portion ca. 470 kcal, 51 g EW, 24 g F, 13 g KH

1 Den Ofen auf 80° (Ober- und Unterhitze) vorheizen. Die Filets kalt abbrausen, trockentupfen und von evtl. Sehnen befreien. Zitronengras am dickeren Ende mit dem Messerrücken flach klopfen und schräg in 1 cm große Stücke schneiden. Kaffir-Limettenblätter grob zerzupfen. Ingwer, Knoblauch und Galgant schälen und in dünne Scheiben schneiden. Die Chilischote waschen, der Länge nach halbieren und entkernen. Koriander waschen, trockenschütteln und zupfen.

2 Das Fleisch von beiden Seiten salzen und pfeffern. Das Öl in einer Pfanne erhitzen und das Fleisch darin bei mittlerer Hitze 2 Min. anbraten, wenden und noch 1 Min. braten. Kalbsfilets aufstellen, die Schnittflächen ebenfalls kurz anbraten.

3 Pro Päckchen 1 Pergamentpapier ausbreiten. Zitronengras, Kaffir-Limettenblätter, Ingwer, Knoblauch, Galgant und Chili darauf verteilen, das Fleisch darauflegen und mit Butterflocken und Koriander bestreuen. Die Päckchen verschließen und 1 Std. 15 Min. auf einem Backblech im Ofen (Mitte) garen.

4 Die Papaya schälen, halbieren, entkernen und der Länge nach mit dem Gemüsehobel in feine Streifen reiben. Frühlingszwiebel putzen und schräg in feine Ringe schneiden. Die Erdnüsse grob hacken. Knoblauch abziehen, die Chilischote waschen, halbieren und entkernen. Knoblauch und Chili möglichst fein hacken. Koriander waschen, trockenschütteln, die Blättchen abzupfen und grob schneiden. Limettensaft, Fischsauce und braunen Zucker miteinander verrühren.

5 Papaya, Frühlingszwiebel, Erdnüsse, Knoblauch, Chili und Koriander mischen, mit der Marinade vermengen, kräftig durchkneten und ziehen lassen. Kurz vor dem Servieren evtl. noch mit etwas Salz nachwürzen.

6 Die Päckchen aus dem Ofen nehmen, öffnen, das Fleisch herausnehmen und den entstandenen Fleischsaft in einer heißen Pfanne aufkochen. Das rosa gegarte Kalbsfilet in Scheiben schneiden, mit dem Papayasalat anrichten und dem heißen Fleischsaft beträufeln.

TIPP **Erdnüsse grob hacken – aber wie? Die Erdnüsse in einen verschließbaren Gefrierbeutel geben und mit dem Nudelholz darüber rollen, bis sie klein sind.**

Osso Buco mit Thymian-Tomaten-Sauce und neuen Kartoffeln

MICHAELA PETERS, gebürtige Münsterländerin, hat es geschafft, als deutsche Köchin in der kulinarischen Hochburg Frankreich einen Stern zu erkochen. Sie lebt und arbeitet im elsässischen Colmar.

1 Zwiebel
6 frische, junge Knoblauchzehen
6 große Tomaten
8 mittelgroße Kartoffeln (neue Ernte)
2 Scheiben Osso Buco (Kalbshaxenscheiben, à ca. 180 g)
1 EL Meersalz (z.B. Fleur de Sel)
schwarzer Pfeffer aus der Mühle
1 EL Sonnenblumenkernöl
4 Thymianzweige
100 g passierte Tomaten
Kalbsbrühe bei Bedarf
1 Baguettebrot

Für 2 Personen | ca. 45 Min. Zubereitung | 2 1/2– 3 Std. Garzeit
Pro Portion ca. 790 kcal, 56 g EW, 9 g F, 121 g KH

FÜR EINE KÖCHIN *sind die Vorteile des Niedrigtemperaturgarens eindeutig: Man kann das Gericht gut vorbereiten, hat relativ wenig Aufwand, da man die Beilagen gleich mitgaren kann und erhält ein einfach wunderbares Ergebnis. Dank dieser Garmethode hat man mit seinem Fleischstück wenig Bratverlust, d. h., das Fleischstück wird wunderbar zart und saftig.*

1 Die Zwiebel abziehen, halbieren und in Streifen schneiden. Den jungen Knoblauch schälen. Die Tomaten waschen und vierteln, den Strunk entfernen. Die Kartoffeln ebenfalls schälen und mit kaltem Wasser abwaschen und bis zum Gebrauch in kaltem Wasser aufbewahren.

2 Den Backofen auf 80° vorheizen. Das Osso Buco mit Meersalz und Pfeffer würzen. In einem Schmortopf das Sonneblumenkernöl erhitzen und die Kalbshaxenscheiben darin von beiden Seiten scharf anbraten. Das Osso Buco herausnehmen. Die Zwiebelstreifen im vorhandenen Fett anbraten, den Knoblauch und die Thymianzweige dazugeben und unter Rühren leicht Farbe annehmen lassen. Anschließend die Tomatenhälften sowie die passierten Tomaten dazugeben und leicht erhitzen. Mit Meersalz und Pfeffer würzen. Bei Bedarf etwas Kalbsbrühe dazugießen.

3 Die gebratenen Osso-Buco-Scheiben und Kartoffeln mit in den Schmortopf geben und im Backofen (Mitte) 2 1/2–3 Std. garen lassen. Mit frischem Baguette und Meersalz servieren.

Rosa gebratene Entenbrust mit Preiselbeersauce und Selleriesalat

2 Entenbrüste à ca. 240 g
Salz
1 EL Pflanzenöl
Für den Salat
400 g Knollensellerie
750 ml Gemüsefond (aus dem Glas)
2 Zweige glatte Petersilie
100 ml Selleriesud (entsteht beim Kochen des Selleries)
1 EL Champagneressig (ersatzweise Weißweinessig)
2 EL Macadamianussöl (ersatzweise Sonnenblumenöl)
Salz
frisch gemahlener schwarzer Pfeffer
1 Prise Zucker
Für die Sauce
100 g Sahne
100 ml Selleriesud (entsteht beim Kochen)
1 EL Preiselbeeren (aus dem Glas)

Für 2 Personen | ca. 20 Min. Zubereitung | 45 Min. Garzeit
Pro Portion ca. 890 kcal, 48 g EW, 73 g F, 11 g KH

1 Den Backofen auf 80° (Ober- und Unterhitze) vorheizen. Das Fleisch kalt abbrausen, mit Küchenpapier trockentupfen und von evtl. Sehnen auf der Fleischseite befreien. Die Hautseite mit einem scharfen Messer rautenförmig einschneiden. Die Entenbrüste salzen.

2 Das Öl in die kalte Pfanne geben. Die Entenbrüste mit der Hautseite nach unten einlegen und etwa 10 Min. bei geringer Hitze goldbraun braten. Wenden und kurz weiterbraten, so dass sich die Poren schließen. Die Brüste mit der Hautseite nach oben 45 Min. auf dem Ofenrost (Mitte) rosa garen. Ein Backblech als Tropfschutz darunter schieben.

3 Den Sellerie, waschen, schälen und vierteln. Gemüsefond in einem Topf (20 cm ø) aufkochen, salzen und den Sellerie darin offen bei geringer Hitze in ca. 20 Min. weich kochen. Petersilie waschen, trockenschütteln, Blättchen abzupfen und grob schneiden.

4 Den Sellerie aus dem Topf heben, beiseite stellen und die Kochflüssigkeit aufbewahren. 100 ml des Selleriesuds mit Champagneressig und Nussöl verrühren, mit Salz, Pfeffer und 1 Prise Zucker abschmecken und Petersilie verfeinern. Sellerie in etwa 1/2 cm dicke Scheiben schneiden und heiß in die Marinade geben.

5 Für die Sauce die Sahne mit 100 ml Selleriesud in einem kleinen Topf (18 cm ø) aufkochen und 2–3 Min. bei mittlerer Hitze sämig einkochen lassen. Die Preiselbeeren dazugeben und leicht salzen.

6 Die Entenbrüste übergrillen (s. Tipp), aus dem Ofen nehmen und quer zur Faser in Scheiben schneiden. Mit Selleriesalat und Preiselbeersauce auf vorgewärmten Tellern anrichten. Mit frisch gemahlenem Pfeffer und z. B. mit Petersilie bestreuen und servieren. Als Beilage eignen sich Rösti oder frisches Baguette.

TIPP **Den Ofen nach Ende der Garzeit auf Grillfunktion schalten und die Entenbrüste in 3 Min. knusprig backen.**

INFO **Beim Vorbereiten des Fleisches möglichst nicht ins Fleisch schneiden, da es sonst trocken wird.**

CARL MERTENS

Lammkarée mit Auberginen und Lorkäse

2 Lammkarées à 350 g (pariert haben sie ca. 230 g)
Salz
frisch gemahlener schwarzer Pfeffer
3 EL Olivenöl
Für die Auberginen-Lasagne
4 Tomaten (ca. 350 g)
3–4 Zweige Thymian
350 g Auberginen
10 EL Olivenöl
1 Knoblauchzehe
1 kleiner Zweig Rosmarin
80 g Lorkäse (Türkischer Laden)

Für 2 Personen | ca. 25 Min. Zubereitung |
40 Min. Garzeit
Pro Portion ca. 900 kcal, 61 g EW, 70 g F, 6 g KH

1 Den Backofen auf 80° (Ober- und Unterhitze) vorheizen. Das Fleisch kalt abbrausen, mit Küchenpapier trockentupfen und von evtl. Sehnen befreien. Von beiden Seiten salzen und pfeffern.

2 Das Öl in einer Pfanne erhitzen. Das Fleisch darin anbraten, nach 1 Min. wenden und noch 1 Min. braten. Die Seiten ebenfalls anbraten, so dass sich alle Poren schließen. Das Fleisch auf dem Ofenrost (Mitte) mit einem Backblech als Tropfschutz darunter in etwa 40 Min. rosa garen.

3 Tomaten waschen, putzen, Stielansatz entfernen und kreuzförmig einschneiden. In kochendes Wasser legen, bis sich die Haut löst. Mit einer Schaumkelle herausnehmen, abschrecken, die Haut abziehen, vierteln, entkernen und mit Küchenpapier abtupfen.

4 Den Thymian waschen, trockenschütteln und die Blättchen abzupfen. Die Auberginen putzen, waschen, der Länge nach in 8 etwa 1/2 cm dicke Scheiben schneiden, salzen und pfeffern. Mit einigen Tropfen Olivenöl beträufeln und ca. 15 Min. ziehen lassen.

5 2–3 EL Olivenöl in einer Grillpfanne erhitzen. Auberginenscheiben darin bei mittlerer Hitze 2 Min. anbraten, mit einigen Thymianblättchen bestreuen und wenden. Falls nötig noch etwas Olivenöl dazugeben und 1–2 Min. braten. Das Gemüse aus der Pfanne nehmen, auf Küchenpapier entfetten und auf einem Teller im Ofen neben dem Lamm warm halten. Die restlichen Auberginen wie beschrieben braten.

6 Für die Kruste den Knoblauch abziehen und fein würfeln. Rosmarin waschen, trockenschütteln, abzupfen und fein hacken. Knoblauch und Rosmarin mit dem Lorkäse mischen, salzen und pfeffern.

7 Nach Garzeitende Fleisch und Auberginen aus dem Ofen nehmen, den Ofen auf Grillfunktion stellen. Ein Backblech dünn mit Olivenöl bestreichen. Pro Person 2 Auberginenscheiben eng nebeneinander legen, mit 4 Tomatenvierteln belegen, etwas Käse darüberstreuen, mit 2 Auberginenscheiben bedecken, wieder mit 4 Tomaten belegen und mit Käse bestreuen. Die Auberginen-Lasagne wie beschrieben fertig stellen. Die Lammkarées mit Käse bestreuen und auch auf das Blech legen.

8 Die Lasagne mit dem Fleisch in 3 Min. goldbraun überbacken. Aus dem Ofen nehmen, das Fleisch aufschneiden und mit der Auberginen-Lasagne auf vorgewärmten Tellern anrichten. Z. B. mit Rosmarin garnieren. Als Beilage eignen sich Couscous, Thymiankartoffeln, Baguett oder Fladenbrot.

INFO **Das Parieren können Sie von Ihrem Metzger erledigen lassen. Er putzt die Karées und schneidet überflüssige Haut ab.**

Hühnerkeulen mit Curry, Datteln und Mango

850 g Hühner- oder Hähnchenunterkeulen
Currypulver
Salz
frisch gemahlener schwarzer Pfeffer
100 g Zwiebeln
40 g Datteln (ohne Kerne)
20 g getrocknete Mangostreifen
3 EL Pflanzenöl
1 TL Butter
125 g Körnermischung (aus Reis, Wildreis, Hafer, Gerste, Roggen, Dinkel und Weizen; als Fertigmischung erhältlich)
300 ml Geflügelfond (aus dem Glas)
1 Zweig Minze
2 Zweige glatte Petersilie

Für 2 Personen | ca. 15 Min. Zubereitung | 1 Std. Garzeit
Pro Portion ca. 1030 kcal, 67 g EW, 55 g F, 65 g KH

1 Den Backofen auf 100° (Ober- und Unterhitze) vorheizen. Die Hühnerkeulen kalt abbrausen, mit Küchenpapier trockentupfen, die Haut abziehen. Mit Curry, Salz und Pfeffer würzen. Die Zwiebeln abziehen und fein würfeln. Die Datteln der Länge nach vierteln, die Mangostreifen in etwa 1 cm große Stücke schneiden.

2 Das Öl in einem Topf (24 cm ø) erhitzen, Hühnerkeulen darin ringsherum in 2 Min. goldbraun anbraten, herausheben und beiseite stellen. Die Butter im gleichen Topf aufschäumen und die Zwiebeln darin 1 Min. glasig dünsten. Die Körnermischung einrühren, Datteln und Mango zugeben und den Geflügelfond aufgießen. Die Hühnerkeulen einlegen und geschlossen im Ofen (Mitte) 1 Std. garen.

3 Kurz vor dem Servieren die Kräuter waschen, trockenschütteln, Blättchen abzupfen und grob schneiden. Den Topf aus dem Ofen nehmen, alles mit Salz, Pfeffer und Curry abschmecken und den Kräutern verfeinern. Hühnerkeulen und Reismischung auf vorgewärmten Tellern anrichten, z. B. mit Minze garnieren und servieren.

INFO **Einfach und praktisch: Die Hühnerkeulen und die Körnermischung garen im gleichen Topf und sind zur gleichen Zeit fertig. Das perfekte Gericht, wenn es einmal schneller gehen muss.**

Gebratenes Kaninchen mit Parmaschinken und gefrosteten Grappatrauben

4 Kaninchenrückenfilets à 100 g
3–4 Zweige Thymian
Salz
frisch gemahlener schwarzer Pfeffer
1 TL scharfer Senf
4 dünne Scheiben Parmaschinken (ca. 50 g)
1 EL Olivenöl
1 EL Butter

Für die Grappatrauben
80 g kernlose weiße und blaue Trauben
100 ml Grappa

Für das Risotto
1 Schalotte (30 g)
1 EL Olivenöl
120 g Risottoreis (z.B. Carnaroli-Rundkornreis)
Meersalz (z. B. Fleur de Sel)
400 ml heißer Geflügelfond (aus dem Glas)
2 EL kalte Butter
40 g fein geriebener Parmesan

Außerdem
2 Holzspieße
1 Gefrierbeutel

Für 2 Personen | ca. 25 Min. Zubereitung |
40 Min. Garzeit
Pro Portion ca. 945 kcal, 62 g EW, 52 g F, 55 g KH

1 Den Backofen auf 80° (Ober- und Unterhitze) vorheizen. Die Filets kalt abbrausen, mit Küchenpapier trockentupfen und von evtl. Sehnen befreien. Den Thymian waschen, trockenschütteln, die Blättchen abzupfen und fein schneiden. Die Hälfte beiseite legen.

2 Die Filets leicht salzen, pfeffern, von beiden Seiten mit Senf einstreichen und mit Thymian bestreuen. Jeweils das dünnere Ende umklappen, auf eine Scheibe Schinken legen und einrollen. Öl in einer Pfanne erhitzen, das Fleisch darin ca. 1/2 Min. anbraten, wenden und ringsherum noch 1/2 Min. braten. Herausnehmen, auf den Rost legen (Mitte), ein Backblech als Tropfschutz darunter schieben und etwa 40 Min. garen.

3 Die Trauben waschen, mit dem Holzspieß anstechen und farblich abwechselnd auf die Spieße stecken. In den Gefrierbeutel legen und Grappa darüber gießen, verschließen und etwa 25 Min. einfrieren.

4 Für das Risotto die Schalotte abziehen und fein würfeln. Das Öl in einem Topf (20 cm ø) erhitzen, Schalotten darin 2 Min. glasig dünsten, Reis dazugeben, kurz durchrühren, mit 1 Prise Meersalz würzen und etwas heißem Geflügelfond ablöschen. Das Risotto offen etwa 20 Min. bei geringer Hitze köcheln lassen, dabei immer nur so viel heißen Fond dazugeben, dass der Reis gerade noch bedeckt ist. Immer wieder umrühren. Nach und nach die kalte Butter und den Parmesan einrühren, salzen und pfeffern.

5 1 EL Butter in einer Pfanne aufschäumen, den restlichen Thymian einstreuen, Fleisch aus dem Ofen nehmen und mehrmals in der heißen Butter wenden. Filets aufschneiden und mit dem Risotto, den Grappatrauben und z. B. mit einigen Thymianblüten als Garnitur auf vorgewärmten Tellern servieren.

TIPP **Die dünnen Kaninchenrückenfilets umklappen, sie braten sonst zu schnell durch. Das Fleisch nur leicht salzen, denn im Parmaschinken steckt genügend Salz. Besser am Schluss die aufgeschnittenen Kaninchenfilets mit etwas Meersalz nachwürzen.**

INFO **Durch das Nachbraten in der heißen Thymianbutter verstärkt sich der Geschmack. Der Parmaschinken wird kross und die Kaninchenfilets werden heiß. Denn bei 80° ist das Fleisch zwar sehr saftig, aber nur lauwarm.**

Rosa gebratener Rehrücken mit asiatischen Aromen

2 Rehrückenfilets à 200 g
2 Stängel Zitronengras
1 Stück Ingwer (ca. 6 cm)
1 Knoblauchzehe
1 kleine rote Chilischote
4 Zweige Thaibasilikum (Asienladen)
4 EL Austernsauce
1 EL Sojasauce
Salz
frisch gemahlener schwarzer Pfeffer
5 EL Pflanzenöl

Für das Gemüse
100 g Shiitakepilze (ersatzweise Egerlinge)
100 g Zuckerschoten
100 g Baby-Maiskolben
100 g Frühlingszwiebeln
2 EL Austernsauce
2 EL Sojasauce

Außerdem
Klarsichtfolie

Für 2 Personen | ca. 30 Min. Zubereitung | 1 Std. Garzeit
Pro Portion ca. 735 kcal, 55 g EW, 35 g F, 51 g KH

1 Den Backofen auf 80° (Ober- und Unterhitze) vorheizen. Die Filets kalt abbrausen, mit Küchenpapier trockentupfen und von evtl. Sehnen befreien. Zitronengras am dickeren Ende mit dem Messerrücken flach klopfen und schräg in etwa 1 cm große Stücke schneiden. Ingwer und Knoblauch schälen und in dünne Scheiben schneiden. Die Chilischote mit dem Messer leicht andrücken. 1 Zweig Thaibasilikum waschen, trockenschütteln und Blättchen abzupfen. Austern- und Sojasauce mischen.

2 Das Fleisch von beiden Seiten leicht salzen und pfeffern. 2 EL Öl in einer Pfanne erhitzen und das Fleisch darin bei mittlerer Hitze ca. 1 Min. braten, wenden und noch 1 Min. braten. Rehrücken aufstellen und die Schnittflächen auch kurz anbraten. Die asiatischen Gewürze in einer ofenfesten Form verteilen. Das Fleisch darauflegen, mit der Saucenmischung beträufeln und Thaibasilikum bestreuen. Abgedeckt mit Klarsichtfolie 1 Std. auf dem Rost (Mitte) rosa garen.

3 Die Shiitakepilze putzen und entstielen. Die Hüte je nach Größe halbieren oder vierteln. Zuckerschoten waschen, putzen und schräg halbieren. Die Maiskolben schräg in 2 cm große Stücke schneiden. Die Frühlingszwiebeln waschen, putzen und schräg in 1 cm große Stücke schneiden.

4 Kurz vor Garzeitende 2 EL Pflanzenöl in einem Wok oder einer großen Pfanne erhitzen, Zuckerschoten und Mais bei starker Hitze darin ca. 2 Min. braten. Dann 1 EL Öl, Pilze und Frühlingszwiebeln dazugeben und noch 1 Min. braten. Austern-, Sojasauce und etwa 2 EL Wasser dazugeben, durchrühren und aufkochen lassen.

5 Restlichen Thaibasilikum waschen, trockenschütteln, die Blättchen abzupfen und unter das Gemüse mischen. Den Rehrücken aus dem Ofen nehmen (s. Tipp), in Stücke schneiden und mit dem Gemüse auf vorgewärmten Tellern anrichten. Als Beilage eignet sich gekochter Duftreis.

TIPP **Das fertig gebratene Fleisch aus dem Ofen nehmen und mit der Sauce in einer heißen Pfanne nochmals aufkochen lassen, mehrmals wenden und dann erst aufschneiden. So wird das Fleisch richtig heiß.**

INFO **Zum Verarbeiten von Chili am besten mit Einweghandschuhen arbeiten. Falls keine Handschuhe verfügbar sind, unbedingt die Hände danach waschen.**

Gebratene Schweinekoteletts »Raclette« mit Cornichons

2 Schweinekoteletts à 240 g
2 TL mittelscharfer Senf
Salz
frisch gemahlener schwarzer Pfeffer
Chiliflakes (getrocknete Chiliflocken)
2 EL Pflanzenöl
2 Scheiben Toastbrot
8 eingelegte Cornichons
2 Tomaten
150 g Raclettekäse in Scheiben
20 Silberzwiebeln aus dem Glas
einige Halme frischer Schnittlauch

Für 2 Personen | ca. 15 Min. Zubereitung | 40 Min. Garzeit
Pro Portion ca. 435 kcal, 40 g EW, 25 g F, 11 g KH

1 Den Backofen auf 80° (Ober- und Unterhitze) vorheizen. Die Schweinekoteletts kalt abbrausen, mit Küchenpapier trockentupfen, den Fettrand mehrmals mit einem scharfen Messer einritzen. Das Fleisch von beiden Seiten mit Senf bestreichen und mit Salz, Pfeffer und Chiliflakes würzen. Das Öl in einer Pfanne erhitzen und das Fleisch darin anbraten, nach 1 Min. wenden und 1 Min. weiterbraten. Herausheben, in eine ofenfeste Form legen und 40 Min. im Ofen (Mitte) garen.

2 Den Toast im Toaster rösten, herausnehmen und jeweils diagonal halbieren. Die Cornichons der Länge nach halbieren. Die Tomaten waschen, Stielansatz entfernen und in 1 cm dicke Scheiben schneiden.

3 Das Fleisch herausnehmen, Ofen auf Grillfunktion stellen. Die Koteletts abwechselnd mit Toastbrot und Tomaten belegen, leicht salzen und pfeffern, mit Käse abschließen und in 3–4 Min. im Ofen goldbraun überbacken.

4 Die Form herausnehmen, das Fleisch auf vorgewärmten Tellern anrichten, mit Cornichons und Silberzwiebeln bestreuen. Schnittlauch waschen, trockenschütteln, grob schneiden und zum Schluss über die Koteletts streuen. Als Beilage schmecken Bratkartoffeln, ein angemachter Kopf- oder Feldsalat oder einfach nur ein Stück Bauernbrot mit frischer Butter.

Lauchtörtchen mit Mozzarella und getrockneten Tomaten

130 g Lauch (möglichst dicke Stange)
Salz
2 eingelegte getrocknete Tomaten (20 g)
½ Knoblauchzehe
1 Scheibe Toastbrot
2 EL Milch
250 g gemischtes Hackfleisch (Rind und Schwein)
1 Ei (Größe L)
1 Zweig Thymian
1 Prise getrockneter Oregano
1 TL Senf
frisch gemahlener schwarzer Pfeffer
Cayennepfeffer
1 Kugel Mozzarella (125 g)
Außerdem
4 feuerfeste Formen à 120 ml Füllmenge
1 TL weiche Butter zum Einfetten

Für 2 Personen | ca. 25 Min. Zubereitung | 45 Min. Garzeit
Pro Portion ca. 570 kcal, 44 g EW, 40 g F, 10 g KH

1 Den Backofen auf 100° (Ober- und Unterhitze) vorheizen. Den Lauch putzen, waschen und in 8 etwa 25 cm lange Streifen scheiden. Diese in reichlich kochendem Salzwasser etwa 2 Min. garen, durch ein Sieb abgießen, eiskalt abschrecken und abtropfen lassen. Die Tomaten in kleine Würfel schneiden. Knoblauch abziehen und fein würfeln. Das Toastbrot entrinden, klein würfeln, mit der Milch vermischen und einige Min. ziehen lassen.

2 Das Hackfleisch mit den Brotwürfeln, Ei und Tomatenwürfeln verkneten. Den Thymian waschen, trockenschütteln, die Blättchen abzupfen und grob schneiden. Die Fleischmasse mit Thymian, Oregano, Senf, Salz, Pfeffer und 1 Msp. Cayennepfeffer würzen.

3 Die Formen mit Butter ausfetten. Die Lauchstreifen mit einem Küchenpapier trockentupfen und in jede Form je 2 davon über Kreuz einlegen. Die Fleischmasse darin verteilen und mit den überlappenden Lauchstreifen abdecken. Auf dem Rost (Mitte) 30 Min. garen.

4 Den Mozzarella in dünne Scheiben schneiden. Nach Garzeitende auf den Lauchtörtchen verteilen und 12 Min. bei 100° im Ofen garen. Auf Grillfunktion stellen und die Törtchen in 2–3 Min. goldbraun überbacken. Herausnehmen und kurz ruhen lassen. Die Törtchen aus der Form heben, in vorgewärmten tiefen Tellern anrichten und mit dem Bratensaft beträufeln. Als Beilage passt ein selbst gemachtes Kartoffelpüree (s. Seite 66) oder frisches Baguette.

TIPP **Die Lauchtörtchen lassen sich gut vorbereiten: Die Fleischmasse wie oben beschrieben in die mit Lauch ausgelegten Formen füllen, mit Klarsichtfolie abdecken und kühl stellen. Die Törtchen müssen allerdings am gleichen Tag gegart werden, d. h. Sie können Sie mittags vorbereiten und abends genießen.**

Schweinefiletspieß mit Honig, Ingwer und Orangen

8 Schweinefiletmedaillons à 50 g
3 EL Pflanzenöl

Für die Marinade
1 Stück frischer Ingwer (ca. 6 cm)
60 g Akazienhonig
1 EL Weißweinessig
1 Prise Chiliflakes (getrocknete Chiliflocken)
½ TL abgeriebene Schale einer Bio-Orange
Salz
frisch gemahlener schwarzer Pfeffer

Für das Möhrengemüse
300 g Möhren
2 EL Butter
2 Prisen Zucker
100 ml Gemüsefond (aus dem Glas, ersatzweise Mineralwasser mit Kohlensäure)
2 Zweige glatte Petersilie
einige Halme frischer Schnittlauch

Außerdem
4 Holzspieße
Klarsichtfolie

Für 2 Personen | ca. 15 Min. Zubereitung | 40 Min. Garzeit
Pro Portion ca. 660 kcal, 46 g EW, 36 g F, 37 g KH

1 Den Ofen auf 80° (Ober- und Unterhitze) vorheizen. Das Fleisch kalt abbrausen, mit Küchenpapier trockentupfen und von evtl. Sehnen befreien. Das Fleisch aufstellen und mit der Handinnenseite leicht flach drücken. Auf jeden Spieß 2 Fleischstücke stecken.

2 Für die Marinade den Ingwer schälen und in feine Streifen schneiden. Akazienhonig mit dem Essig glatt rühren und mit Ingwer, Chiliflakes, Orangenschale, Salz und Pfeffer würzen. Die Spieße ringsherum salzen und pfeffern.

3 Das Öl in einer großen Pfanne erhitzen und die Spieße darin bei mittlerer Hitze 1 Min. braten, wenden und noch 1 Min. braten. Fleischspieße in eine ofenfeste Form geben, die Marinade darübergeben, mit Folie abdecken und im Ofen (Mitte) in 40 Min. rosa garen.

4 Die Möhren waschen, putzen, schälen, je nach Größe längs halbieren und schräg in dünne Scheiben schneiden. Die Butter in einem Topf erhitzen, Möhren bei mittlerer Hitze anbraten, salzen und zuckern, mit dem Fond ablöschen und abgedeckt in ungefähr 8 Min. weich dünsten.

5 Die Kräuter waschen, trockenschütteln, die Petersilienblättchen abzupfen und grob schneiden, den Schnittlauch in nicht zu feine Röllchen schneiden. Die Möhren kurz vor dem Servieren mit den Kräutern verfeinern. Schweinefiletspieße aus dem Ofen nehmen, mit den Möhren auf vorgewärmten Tellern anrichten und der heißen Marinade beträufeln. Als Beilage eignen sich gekochter Langkorn- oder Duftreis.

TIPP **Nach Garzeitende die Marinade nochmals in einem kleinen Topf aufkochen lassen und heiß über das angerichtete Fleisch geben.**

Perlhuhnbrust mit Spinat, Rosinen und Macadamianüssen

2 Perlhuhnbrüste mit Haut à 190 g
2 Zweige glatte Petersilie
Salz
frisch gemahlener schwarzer Pfeffer
2 EL Pflanzenöl
Für den Spinat
450 g Wurzelspinat
1 Schalotte (20 g)
20 g Rosinen
40 g gesalzene Macadamianüsse
2 EL Butter
200 g Sahne
2–3 Zweige Thymian

Für 2 Personen | ca. 20 Min. Zubereitung | 35 Min. Garzeit
Pro Portion ca. 815 kcal, 36 g EW, 68 g F, 14 g KH

1 Den Backofen auf 80° (Ober- und Unterhitze) vorheizen. Das Fleisch kalt abbrausen, mit Küchenpapier trockentupfen und von evtl. Sehnen auf der Fleischseite befreien. Die Petersilie waschen, trockenschütteln und die Blättchen abzupfen. Die Haut der Perlhühnbrüste mit dem Zeigefinger an einer Stelle leicht lösen und etwas auflockern. Einige Petersilienblätter zusammenrollen und unter die Haut stecken. Das Fleisch salzen und pfeffern.

2 Das Öl in einer Pfanne erhitzen und das Fleisch mit der Hautseite nach unten darin bei mittlerer Hitze etwa 2 Min. braten, wenden und kurz weiter braten. Die Perlhuhnbrüste herausnehmen und mit der Hautseite nach oben auf dem Ofenrost (Mitte) und einem Backblech als Tropfschutz darunter in ca. 35 Min. garen.

3 Den Spinat putzen, grobe Stiele entfernen und so oft in kaltem Wasser waschen, bis kein Sand mehr im Waschbecken zu sehen ist. In kochendem Salzwasser 2 Min. garen, durch ein Sieb abgießen, eiskalt abschrecken und mit den Händen kräftig ausdrücken.

4 Die Schalotte abziehen und fein würfeln. Die Rosinen halbieren, Nüsse grob hacken. 5 Min. vor Garzeitende der Perlhuhnbrüste 1 EL Butter in einem Topf (20 cm ø) erhitzen, Schalotten darin 2 Min. glasig dünsten und den Spinat dazugeben. Gut einrühren, mit der Sahne ablöschen und aufkochen lassen. Rosinen und Nüsse dazugeben und 5 Min. bei geringer Hitze köcheln lassen. Vorsichtig salzen und pfeffern, da die Nüsse bereits salzig sind.

5 In einer Pfanne 1 EL Butter aufschäumen, 2 Thymianzweige einlegen und kurz durchschwenken. Die Perlhuhnbrüste aus dem Ofen nehmen und mit der Hautseite nach unten in der heißen Butter nachbraten. Dabei die Fleischseite immer wieder mit der heißen Butter begießen. Das Fleisch herausnehmen, jeweils quer halbieren und mit dem Spinat und Thymian garniert servieren. Als Beilage eignen sich Salzkartoffeln oder Kartoffelpüree (s. Seite 66).

TIPP **Wenn der Spinat eiskalt abgeschreckt wird, behält er zum einen seine Farbe und gleichzeitig wird der Garprozess gestoppt.**

INFO **Perlhühner sind bekannt für ihr mageres aber dennoch zartes und saftiges Fleisch.**

Stubenküken im Bratschlauch mit Wurzelgemüse

2 Stubenküken à 500 g
150 g Möhren
120 g Petersilienwurzel
100 g Staudensellerie
2 Zweige glatte Petersilie
2 EL flüssige Butter
½ TL edelsüßes Paprikapulver
Salz
frisch gemahlener schwarzer Pfeffer
4 EL trockener Weißwein
2 EL kalte Butter
¼ Bund frischer Schnittlauch
2 Prisen getrockneter Majoran

Außerdem

Bratschlauch (aus dem Haushaltswarengeschäft)

Für 2 Personen | ca. 20 Min. Zubereitung | 2 Std. Garzeit
Pro Portion ca. 565 kcal, 58 g EW, 33 g F, 7 g KH

1 Den Backofen auf 100° (Ober- und Unterhitze) vorheizen. Die Stubenküken von innen und außen kalt abbrausen und mit Küchenpapier trockentupfen. Die unteren Flügelknochen abschneiden. Möhren, Petersilienwurzel und Staudensellerie gründlich waschen, putzen und schälen. Das Gemüse in mundgerechte Stücke schneiden.

2 Die Petersilie waschen und trockenschütteln. Die flüssige Butter mit dem Paprikapulver verrühren. Das Geflügel von innen und außen salzen und pfeffern und mit etwa der Hälfte der Paprikabutter ebenfalls von innen und außen bestreichen. Die Stubenküken mit Gemüse füllen, das restliche Gemüse beiseite stellen.

3 Bratschlauch nach Packungsanleitung vorbereiten. Das restliche Gemüse, Flügelknochen und Petersilie darin verteilen, die beiden Stubenküken daraufsetzen, mit Weißwein beträufeln, etwas Luft einpusten und verschließen. Auf einem Backblech im Ofen (Mitte) ca. 2 Std. garen.

4 Die kalte Butter klein würfeln. Kurz vor dem Servieren den Schnittlauch waschen, trockenschütteln und in feine Röllchen schneiden. Das Blech herausnehmen und den Bratschlauch vorsichtig aufschneiden. Die Stubenküken herausholen, Kräuter und Knochen entfernen. Den Ofen auf Grillfunktion stellen. Die Küken längs halbieren, das Rückgrat herausschneiden und das Fleisch mit der Hautseite nach oben auf ein Backblech setzen. Mit der übrigen Paprikabutter einpinseln und in 3–5 Min. goldbraun übergrillen.

5 Die entstandene Bratflüssigkeit mit dem Gemüse in einen kleinen Topf geben, aufkochen und die kalte Butter einrühren. Das Gemüse mit Salz, Pfeffer und Majoran abschmecken und mit Schnittlauch verfeinern. Die Stubenküken mit dem Gemüse auf vorgewärmten Tellern anrichten und z.B. mit Salzkartoffeln oder Kartoffelpüree (s. Seite 66) servieren.

INFO **Stubenküken sind junge Hühner mit einem Gewicht von etwa 300–500 g und somit ein ideales Portionsgericht. Sie werden in einem Lebensalter von etwa 3–5 Wochen geschlachtet. Ihr Fleisch ist besonders zart und saftig.**

Gebratene Wildente mit Äpfeln und Beifuß

1 frische Wildente (1 kg)
1 Bio-Orange
½ säuerlicher Apfel (z.B. Boskop)
2 Zweige Beifuß
Salz
frisch gemahlener schwarzer Pfeffer
300 g Hühnerflügel
1 Petersilienwurzel
1 Stange Staudensellerie
1 kleine Zwiebel
2 EL Pflanzenöl
1 TL Tomatenmark
2 Prisen Zucker
2 EL Orangenlikör
200 ml kräftiger Rotwein (z.B. Cabernet Sauvignon)
200 ml Gemüsefond (aus dem Glas)
Für die Garnitur
1 Orange
Außerdem
Holzspieße
Küchengarn

Für 2 Personen | ca. 20 Min. Zubereitung | 3 Std. Garzeit
Pro Portion ca. 955 kcal, 75 g EW, 58 g F, 17 g KH

1 Den Backofen auf 100° (Ober- und Unterhitze) vorheizen. Die Ente von innen und außen kalt abbrausen, mit Küchenpapier trockentupfen, evtl. Federkiele entfernen. Flügelspitzen, Kragen und Bürzel abschneiden.

2 Orange heiß abwaschen, trockenreiben, halbieren, eine Hälfte mit Schale in grobe Stücke schneiden, die andere auspressen und den Saft für die Sauce beiseite stellen. Den Apfel halbieren, Kerngehäuse entfernen und die Hälften in grobe Stücke schneiden. Beifuß abzupfen, mit den Orangen- und Apfelstücken mischen und kräftig mit Salz und Pfeffer würzen. Die Ente von außen und innen kräftig mit Salz einreiben und den vorbereiteten Zutaten füllen. Öffnung mit Holzspießen verschließen und zubinden.

3 Für die Sauce Flügelspitzen, Kragen und Hühnerflügel klein schneiden. Das Gemüse waschen, schälen und klein würfeln. Zwiebeln abziehen und würfeln. Das Öl in einem Topf (28 cm ø) erhitzen und die Knochen bei mittlerer Hitze 10 Min. anbraten. Zwiebeln und Petersilienwurzeln dazugeben und 3 Min. braten. Das Tomatenmark einrühren, 2 Min. braten, mit Zucker bestreuen, gut durchrühren und mit Orangenlikör ablöschen. Die Flüssigkeit einkochen lassen. Orangensaft dazugeben und erneut einkochen. Nach und nach den Rotwein dazugießen, Gemüsefond angießen, aufkochen und den Sellerie dazugeben.

4 Die Ente mit der Brustseite nach unten in den Saucenansatz legen, auf dem Rost in den Ofen (Mitte) stellen und knapp 3 Std. garen. Dabei nach ca. 1 1/2 Std. die Ente umdrehen (Brustseite zeigt jetzt nach oben).

5 Die Orange für die Garnitur mit einem scharfen Messer schälen, die weiße Haut entfernen und die Filets zwischen den Trennhäuten herausschneiden. Die Ente herausnehmen. Sauce durch ein feines Sieb passieren und in einem Topf (16 cm ø) in 5 Min. sämig einkochen lassen. Zum Schluss mit Salz und Pfeffer abschmecken.

6 Den Ofen auf Grillstufe einstellen. Die Ente auf ein Backblech legen, mit wenig Sauce bepinseln und 5 Min. goldbraun übergrillen. Die Ente halbieren, auf vorgewärmten Tellern anrichten, mit den Orangenfilets belegen, mit Beifuß garnieren und der heißen Sauce servieren. Als Beilage eignen sich Kartoffelknödel und Rotkohl.

INFO **Wildenten haben von Mitte Januar bis Ende August Schonzeit. In der Zwischenzeit kann man auf tiefgefrorene Ware zurückgreifen.**

KOCHEN FÜR VIER PERSONEN

Stücke bis ein Kilogramm

Für Gäste oder als überraschende Abwechslung in der Alltagsküche: Mit diesen neu kreierten Gerichten begeistern Sie garantiert Familie und Freunde.

Rinderrouladen mit Paprika und Schafkäse

6 Rinderrouladen à 160 g (aus Oberschale)
2 rote Paprikaschoten
2 gelbe Paprikaschoten
120 g Schafkäse (z. B. Fetakäse)
5 Zweige Thymian
3 Zweige Oregano
400 g Zwiebeln
Salz
frisch gemahlener schwarzer Pfeffer
4 EL Olivenöl
2 EL Tomatenmark
1 EL Mehl (Type 405)
500 ml kräftiger Rotwein (z.B. Cabernet Sauvignon)
750 ml Gemüsefond (aus dem Glas, ersatzweise Bratenfond)

Außerdem
Küchengarn

Für 4 Personen | ca. 25 Min. Zubereitung | 3 Std. 40 Min. Garzeit
Pro Portion ca. 545 kcal, 42 g EW, 27 g F, 12 g KH

1 Den Backofen auf 100° (Ober- und Unterhitze) vorheizen. Die Rinderrouladen kalt abbrausen und mit Küchenpapier trockentupfen. Die Paprika waschen, halbieren, entkernen, weiße Samenwände entfernen und die Hälften quer in grobe Streifen schneiden. Den Schafkäse in 6 fingerdicke Balken schneiden. Kräuter waschen, trockenschütteln, Blättchen abzupfen. Die Zwiebeln abziehen, halbieren und in dünne Streifen schneiden.

2 Die Rouladen auf der Arbeitsfläche ausbreiten, mit Salz und Pfeffer würzen. Jeweils auf dem unteren Drittel die Paprikastreifen verteilen und mit je 1 Käsestück belegen. Mit Thymian und Oregano bestreuen. Die Seiten einschlagen und aufrollen. Die Rouladen mit Küchengarn zusammenbinden, salzen und pfeffern.

3 Etwa 3 EL Olivenöl in einem Topf (24 cm ø) erhitzen, die Rouladen darin in 5 Min. ringsherum anbraten und herausnehmen. Restliches Öl mit den Zwiebeln in den Topf geben und 2 Min. braten. Das Tomatenmark einrühren und noch 2 Min. bei mittlerer Hitze rösten. Mit Mehl bestäuben und unter ständigem Rühren 2 Min. braten. Mit einem Schuss Rotwein ablöschen, die Flüssigkeit vollständig einkochen lassen. Den Vorgang 2-mal wiederholen.

4 Den restlichen Rotwein und Gemüsefond dazugießen, die Rouladen einlegen und alles aufkochen lassen. Abgedeckt auf den Ofenrost (Mitte) in etwa 3 Std. und 40 Min. garen. Dabei mehrmals mit einer Fleischgabel prüfen, ob das Fleisch schon weich ist.

5 Nach der Garzeit den Topf herausnehmen, die Rouladen auf einen Teller legen und das Garn entfernen. Die Sauce in etwa 15 Min. sämig einkochen und mit Salz und Pfeffer abschmecken. Das Fleisch einlegen und aufkochen lassen. Die Rouladen aufschneiden und pro Portion 3 Hälften mit reichlich Sauce auf vorgewärmten Tellern anrichten, z. B. mit frischem Oregano und Thymian garnieren und mit breiten Nudeln servieren.

Roastbeef mit lauwarmem Gewürzöl

1 kg Roastbeef am Stück
Salz
frisch gemahlener schwarzer Pfeffer
1 EL mittelscharfer Senf
2 EL Pflanzenöl

Für das Gewürzöl

1 Zweig Rosmarin
2–3 Zweige Thymian
1 Zweig Oregano
ca. 7 mittelgroße Basilikumblätter
1 Knoblauchzehe
1 Prise Fenchelsamen
2 Prisen Chiliflakes (getrocknete Chiliflocken)
2 EL Olivenöl
1 EL Butter

Außerdem

Bratenthermometer

Für 4 Personen | 15 Min. Zubereitung |
2 Std. 30 Min. Garzeit
Pro Portion ca. 440 kcal, 56 g EW, 23 g F, 1 g KH

1 Den Backofen auf 80° (Ober- und Unterhitze) vorheizen. Das Roastbeef kalt abbrausen, mit Küchenpapier trockentupfen und von evtl. Sehnen befreien. Das Fleisch kräftig mit Salz und Pfeffer würzen und von beiden Seiten mit Senf einstreichen.

2 Das Öl in einer Pfanne erhitzen und das Fleisch darin bei mittlerer Hitze 2 Min. anbraten, wenden und noch 2 Min. ringsherum braten, so dass sich alle Poren schließen. Das Fleisch auf den Ofenrost (Mitte) legen, Bratenthermometer hineinstecken und ein Backblech als Tropfschutz darunter schieben. In ca. 2 Std. 30 Min. im Backofen rosa garen.

3 Für das Gewürzöl die Kräuter waschen, trockenschütteln bzw. -tupfen und die Blättchen abzupfen. Den Knoblauch abziehen. Kurz vor Garzeitende Kräuter und Knoblauch fein schneiden und mit Fenchelsamen und Chiliflakes vermischen. Olivenöl und Butter in einer Pfanne erwärmen, die Kräutermischung einstreuen, kurz durchschwenken und mit Salz und Pfeffer würzen.

4 Das Fleisch herausnehmen und im heißen Gewürzöl mehrmals wenden. Den Braten mit einem scharfen Messer aufschneiden, mit dem Gewürzöl beträufeln, mit schwarzem Pfeffer würzen und servieren.

TIPP Je nach Geschmack die Schnittfläche des Fleisches mit Meersalz, z.B. Fleur de Sel, würzen.

INFO Die Kerntemperatur bei einem rosa gebratenen Roastbeef beträgt etwa 58°. Soll es noch blutig sein, liegt die Temperatur bei etwa 50°, durch ist es bei etwa 75–80°.

KARTOFFELN *Als Beilage eignet sich jegliche Art von Kartoffelgerichten, wie z.B. Bratkartoffeln, Ofenkartoffeln oder gratinierte Kartoffeln. Sehr gut schmeckt dazu auch ein angemachter Blattsalat, gegrilltes Gemüse oder das Kohlrabi-Spargel-Gemüse (Seite 26 – Verdoppeln Sie dazu allerdings die Menge!).*

Kalbstafelspitz mit Himbeeressig und Lorbeer

2 Stück Kalbstafelspitz à 750 g
200 g Zwiebeln
200 g Möhren
200 g Knollensellerie
Salz
frisch gemahlener schwarzer Pfeffer
4 EL Pflanzenöl
1 EL Puderzucker
2 EL Tomatenmark
50 ml Himbeeressig
500 ml Roséwein
750 ml Rinderfond (aus dem Glas)
4 frische Lorbeerblätter
3 TL Speisestärke

Für 4–5 Personen | 25 Min. Zubereitung | 5 Std. Garzeit
Pro Portion ca. 490 kcal, 68 g EW, 11 g F, 12 g KH

1 Den Ofen auf 80° (Ober- und Unterhitze) vorheizen. Das Fleisch kalt abbrausen, mit Küchenpapier trockentupfen und von evtl. Sehnen befreien. Die Zwiebeln abziehen und fein würfeln. Möhren und Sellerie schälen und in 1 cm große Würfel schneiden. Jetzt erst das Fleisch salzen und pfeffern.

2 Das Öl in einem Topf (28 cm ø) erhitzen und das Fleisch darin 2 Min. braten, wenden und weitere 2 Min. ringsherum braten, so dass sich alle Poren schließen. Das Fleisch aus dem Topf nehmen. Puderzucker in den Topf streuen und hellbraun karamellisieren lassen. Die Zwiebeln dazugeben, 1 Min. mitrösten, Gemüse und Tomatenmark einrühren und unter ständigem Rühren weitere 3 Min. rösten. Mit Essig ablöschen, die Flüssigkeit vollständig einkochen.

3 Mehrmals mit Roséwein ablöschen und einkochen. Den Rinderfond dazugießen, Fleisch und Lorbeerblätter einlegen, aufkochen lassen und den Topf abdecken. Auf den Ofenrost (Mitte) stellen und in etwa 5 Std. weich garen. Das Fleisch gelegentlich wenden.

4 Den Topf aus dem Ofen nehmen, Fleisch auf eine Platte legen und im Ofen bei 80° warm stellen. Die Sauce 5 Min. einkochen lassen. Die Stärke mit einem Schuss kaltem Wasser glatt rühren und die kochende Sauce damit binden. Mit Salz und Pfeffer abschmecken. Das Fleisch in fingerdicke Scheiben schneiden, mit der heißen Sauce und z. B. frischem Lorbeer auf vorgewärmten Tellern anrichten.

TIPP Das butterweiche Fleisch des Kalbstafelspitz ist ein wirklicher Hochgenuss. Für eine cremige Sauce einfach am Schluss noch mit 200 g Sahne verfeinern und sämig aufkochen lassen.

INFO Fleisch wird grundsätzlich quer zur Faser aufgeschnitten, damit es zart bleibt. Schneidet man das Fleisch mit der Faser auf, wird es zäh.

Kalbstafelspitz mit geschmortem Römersalat und Pfifferlingen

ca. 800 g Kalbstafelspitz
Salz
frisch gemahlener Pfeffer
je 1 Zweig Rosmarin- und Thymian
5 EL Olivenöl
200 g junges Gartengemüse (z.B. kleine Möhren, Erbsen, Zuckerschoten)
200 g Mini-Römersalat
120 g Pfifferlinge
2 EL bestes Olivenöl
1 EL Trockenbeerenauslese-Essig
1 EL Butter
200 ml Kalbsjus

Für 4 Personen | ca. 30 Min. Zubereitung | 6 Std. 15 Min. Garzeit
Pro Portion ca. 395 kcal, 46 g EW, 22 g F, 3 g KH

1 Backofen auf 80° vorheizen. Das Fleisch kalt abbrausen, mit Küchenpapier trockentupfen, von evtl. Sehnen befreien und mit Salz und Pfeffer würzen. Die Kräuter waschen, trockenschütteln und beiseite legen.

2 3 EL Olivenöl in einer Pfanne erhitzen und das Fleisch darin von allen Seiten anbraten. Dann herausnehmen, in eine feuerfeste Form geben, mit dem restlichen Olivenöl übergießen und mit den Kräutern im Backofen in ca. 5–6 Std. rosa garen.

3 Das Gemüse waschen, putzen bzw. schälen, klein schneiden und in reichlich Salzwasser in 5 Min. bissfest garen. In gesalzenem Eiswasser abschrecken. Römersalat waschen, den Strunk herausschneiden und in mundgerechte Stücke schneiden. Die Pfifferlinge abreiben, putzen und je nach Größe klein schneiden.

Cornelia Poletto, mit einem Michelin-Stern dekorierte Köchin, betreibt zusammen mit ihrem Mann Remigio das »Poletto« in Hamburg.

KALBFLEISCH UND SALAT: *Zwei, die sich hervorragend vertragen – der zarte, saftige Kalbstafelspitz und der sanft-aromatische Römersalat. Pfeffrige Würze erhält das Gericht durch die Pfifferlinge. Für mich ist Garen bei niedriger Temperatur einfach praktisch: während das Fleisch gart, habe ich Zeit für andere Gerichte oder für meine Tochter Paola.*

4 Das Gemüse und den Römersalat in einer Pfanne mit 2 EL bestem, heißen Olivenöl schwenken und mit dem Trockenbeerenauslese-Essig abschmecken. Salzen und pfeffern. Die Pfifferlinge separat in einer Pfanne mit der restlichen Butter kurz anbraten, salzen und pfeffern. Für die Sauce den Kalbsjus aufkochen und etwas einkochen lassen.

4 Den Tafelspitz aus dem Ofen nehmen und in dünnen Scheiben aufschneiden. Das Gemüse und die Pfifferlinge auf vier vorgewärmten Tellern anrichten. Den Tafelspitz auf das Gemüse geben, die Sauce dazu servieren. Dazu passen z.B. Gnocchi oder Polenta

Gefülltes Kalbskotelett mit Birnen, Feigen und Gorgonzola

1 kg Kalbskotelett (am Stück)
1 Scheibe Toastbrot
1/2 Birne (z.B. Williams Christ)
2 getrocknete Feigen (40 g)
20 g Gorgonzola
3 mittelgroße Salbeiblätter
1 EL Butter
Salz
frisch gemahlener schwarzer Pfeffer
3 EL Olivenöl
Außerdem
Bratenthermometer

Für 3–4 Personen | ca. 25 Min. Zubereitung | 2 Std. 15 Min. Garzeit
Pro Portion ca. 380 kcal, 43 g EW, 19 g F, 11 g KH

1 Den Backofen auf 100° (Ober- und Unterhitze) vorheizen. Das Kalbskotelett kalt abbrausen und mit Küchenpapier trockentupfen. Das Fleisch aufstellen und in der Mitte eine ca. 8 cm breite Tasche hineinschneiden.

2 Das Toastbrot entrinden und klein würfeln. Die Birne schälen, halbieren, das Kerngehäuse entfernen und klein würfeln. Die Feigen klein schneiden. Den Gorgonzola auch in kleine Stücke schneiden oder zupfen. Die Salbeiblätter waschen, trockenschütteln und in feine Streifen schneiden.

3 Die Butter in einer Pfanne aufschäumen lassen, die Brotwürfel zugeben und bei mittlerer Hitze in 1–2 Min. goldbraun braten, salzen und mit dem Salbei verfeinern. Die Brotwürfel auf einem Küchenpapier abtropfen und etwas abkühlen lassen. Die lauwarmen Brotwürfel mit den Birnenwürfeln, Feigen und dem Gorgonzola mischen und mit Salz und Pfeffer abschmecken.

4 Die Masse in die vorbereitete Tasche füllen und zusammendrücken. Kalbskotelett von beiden Seiten salzen und pfeffern. Das Olivenöl in einer Pfanne erhitzen und das Fleisch darin bei mittlerer Hitze in etwa 2 Min. anbraten. Vorsichtig wenden und weitere 3 Min. von allen Seiten anbraten. Das Bratenthermometer vorsichtig in das Fleisch stecken.

5 Das Fleisch auf den Rost legen (Mitte), ein Backblech als Tropfschutz darunter schieben und etwa 2 Std. 15 Min. garen. Das Fleisch aus dem Ofen nehmen, wobei die Kerntemperatur etwa 60° betragen sollte. Aufschneiden und mit selbst gemachtem Kartoffelpüree servieren. Evtl. mit Salbeiblüten garnieren.

KARTOFFELPÜREE *1 kg mehlig kochende Kartoffeln gründlich waschen, schälen, je nach Größe halbieren oder vierteln und in reichlich Salzwasser in ca. 20 Min. weich kochen. Das Wasser abgießen, Kartoffeln nochmals auf den Herd stellen und bei schwacher Hitze etwa 5 Min. ausdampfen lassen. 100 ml Milch aufkochen. 150 g Butter in kleine Würfel schneiden und in der heißen Milch schmelzen lassen. Gleich mit Salz und frisch geriebener Muskatnuss würzen. Die Kartoffeln mit der Kartoffelpresse in eine Schüssel drücken, mit der heißen Milch begießen und mit einem Kochlöffel glatt rühren. Kartoffelpüree nochmals abschmecken und gleich servieren.*

Schweinebauch mit Bauerngemüse und Malzbier

1 kg Schweinebauch (am Stück, ohne Knochen und Knorpel)

Für das Bauerngemüse
250 g Tellerzwiebeln (Schaschlikzwiebeln)
200 g Knollensellerie
200 g Möhren
1 kg mehlig kochende Kartoffeln
1 Knoblauchzehe
Salz
frisch gemahlener schwarzer Pfeffer
1 TL ganzer Kümmel
3 EL Pflanzenöl
500 g Schweineknochen, klein gehackt
2 EL Tomatenmark
250 ml Malzbier
1 l Gemüsefond (aus dem Glas)
½ Bund glatte Petersilie
2 Zweige Majoran

Für 3–4 Personen | 35 Min. Zubereitung | 4 Std. Garzeit
Pro Portion ca. 980 kcal, 53 g EW, 62 g F, 45 g KH

1 Den Backofen auf 120° (Ober- und Unterhitze) vorheizen. Das Fleisch kalt abbrausen und mit Küchenpapier trockentupfen. Die Tellerzwiebeln 15 Min. in lauwarmes Wasser legen und abziehen – so löst sich die Schale besser. Größere Exemplare halbieren. Sellerie und Möhren waschen, putzen, schälen und in mundgerechte Stücke schneiden.

2 Die Kartoffeln waschen, schälen und je nach Größe halbieren oder vierteln. Knoblauch abziehen und klein würfeln. Den Schweinebauch auf der Fleischseite kräftig mit Salz, Pfeffer und Kümmel würzen. Das Öl in einem großen Bräter (ca. 40 x 25 cm) erhitzen und den Braten von allen Seiten (außer auf der Schwartenseite) in 3 Min. anbraten. Wieder herausnehmen.

3 Die Knochen in den Bräter geben und bei mittlerer Hitze 6 Min. rösten. Die Tellerzwiebeln zugeben und 1 Min. anbraten. Sellerie und Möhren dazugeben und 2 Min. unter Rühren braten. Tomatenmark einrühren, 3 Min. braten, mit etwas Malzbier ablöschen und einkochen lassen. Restliches Bier und Gemüsefond dazugießen, Kartoffeln und Knoblauch dazugeben und alles aufkochen lassen.

4 Den Schweinebauch mit der Schwartenseite nach unten in den Bräter legen, auf den Ofenrost (Mitte) stellen und in ca. 2 Std. 30 Min. offen garen. Dabei immer wieder die Sauce umrühren und darauf achten, dass Gemüse und Kartoffeln damit bedeckt sind.

5 Nach Garzeitende den Schweinebraten wenden, herausnehmen, auf ein Brett legen und die weiche Schwartenseite mit einem scharfen Messer im Abstand von ca. 1 cm einschneiden. Den Schweinebauch mit der Schwartenseite nach oben in den Bräter legen und weitere 1 Std. 30 Min. im Ofen bei gleicher Hitze garen.

6 Nach Garzeitende mit der Fleischgabel prüfen, ob das Fleisch weich ist. Dabei sollte klarer Fleischsaft herauslaufen. Den Bräter herausnehmen und den Ofen auf Grillfunktion stellen. Das Fleisch auf den Rost legen, ein Backblech als Tropfschutz darunter schieben und die Kruste in 6–8 Min. knusprig aufspringen lassen.

7 Die Kräuter waschen und trockenschütteln. Die Blättchen abzupfen und grob schneiden. Die Sauce aufkochen, Knochen entfernen, mit Salz und Pfeffer abschmecken und den Kräutern verfeinern. Das Fleisch aufschneiden und mit dem Bauerngemüse sowie frischen Majoran und der Sauce auf vorgewärmten Tellern anrichten und servieren.

INFO Bei diesem Gericht gart das Fleisch mit Beilagen und Sauce in einem Topf und alles ist praktischerweise zur gleichen Zeit fertig.

Lammhaxen mit Fenchel-Safran-Kruste

200 g Schalotten
2 Knoblauchzehen
4 Lammhaxen à 450 g (mit Knochen)
4–6 Zweige Thymian
Salz
frisch gemahlener schwarzer Pfeffer
1 EL Mehl
4 EL Olivenöl
2 EL Tomatenmark
500 ml kräftiger Rotwein (z.B. Cabernet Sauvignon)
750 ml Gemüsefond (ersatzweise Lammfond)

Für die Fenchel-Safran-Kruste
100 g Fenchel mit Grün
1 TL Olivenöl
grobes Meersalz (z.B. Fleur de Sel)
6–8 Safranfäden
etwas Anislikör
1 Toastscheibe
80 g weiche Butter
Cayennepfeffer
1 TL Speisestärke

Außerdem
Back- oder Pergamentpapier

Für 4 Personen | 35 Min. Zubereitung | 3 Std. 15 Min. Garzeit
Pro Portion ca. 740 kcal, 64 g EW, 39 g F, 13 g KH

1 Den Backofen auf 100° (Ober- und Unterhitze) vorheizen. Die Schalotten abziehen und je nach Größe halbieren oder vierteln. Die Knoblauchzehen abziehen und grob zerschneiden. Die Lammhaxen kalt abbrausen und mit Küchenpapier trockentupfen.

2 Thymian waschen und trockenschütteln. Die Haxen salzen, pfeffern und mit Mehl bestäuben. 3 EL Olivenöl in einem Topf (28 cm ø) erhitzen, die Haxen darin von allen Seiten in 5 Min. anbraten, herausnehmen und beiseite stellen. Restliches Olivenöl in den Topf geben, Zwiebeln und Knoblauch darin 4 Min. anbraten, Tomatenmark einrühren und 3 Min. rösten.

3 Mit einem Schuss Rotwein ablöschen, die Flüssigkeit ganz einkochen lassen. Den Vorgang 2-mal wiederholen. Den übrigen Rotwein und die Gemüsefond dazugießen, aufkochen, Fleisch und Thymian einlegen. Abgedeckt im Ofen (Mitte) in 3 Std. 15 Min. weich garen, dabei das Fleisch mehrmals wenden. Mit der Fleischgabel prüfen, ob das Fleisch weich ist.

4 Den Fenchel waschen, putzen, Strunk entfernen und fein würfeln. Das Fenchelgrün in kaltes Wasser legen. Das Olivenöl in einem Topf (20 cm ø) erhitzen, Fenchel darin 2 Min. dünsten und gleich mit 1 Prise Meersalz würzen. Die Safranfäden zugeben, mit einem Schuss Anislikör ablöschen und die Flüssigkeit vollständig einkochen lassen. Das Fenchelgemüse auf einen Teller legen und auskühlen lassen.

5 Das Toastbrot entrinden und mit dem Pürierstab in einem hohen Gefäß fein zerreiben. Das Fenchelgrün trockenschütteln, abzupfen und fein hacken; etwas davon zur Garnitur beiseite legen. Die Butter mit dem Handrührgerät in 5 Min. weiß-schaumig aufschlagen. Fenchel, Brotbrösel und Fenchelgrün unterrühren und mit 1 Prise Meersalz, Pfeffer und Cayennepfeffer abschmecken. Die Butter in Backpapier wickeln und kalt stellen.

6 Die Lammhaxen herausholen, auf ein Blech legen und den Backofen auf Grillfunktion schalten. Die Fenchelbutter in Scheiben schneiden und auf den Lammhaxen verteilen. Die Haxen im Ofen (Mitte) in ca. 3–5 Min. goldbraun überbacken.

7 Die Stärke mit etwas kaltem Wasser glatt rühren. Die Sauce auf dem Herd aufkochen lassen, mit Stärke binden und in 5 Min. sämig einkochen lassen. Mit Salz und Pfeffer abschmecken. Die Haxen mit der Sauce und den Zwiebeln sowie Fenchelgrün auf vorgewärmten Tellern anrichten und z.B. mit Bulgur, Reis oder Linsen servieren.

Geschmorte Wildhasenkeulen mit Buttermilch und Kirschen

4 Wildhasenkeulen à 470 g (mit Knochen, hohl auslösen lassen, s. Info S. 94)
ca. 400 g Knochen (fallen beim Auslösen an)
2 kleine Möhren (120 g)
200 g Zwiebeln
Salz
frisch gemahlener schwarzer Pfeffer
½ TL Lebkuchengewürz
1 EL Mehl (Type 405)
4 EL Pflanzenöl
1 EL Tomatenmark
500 ml kräftiger Rotwein (z.B. Cabernet Sauvignon)
500 ml Wildfond (aus dem Glas)
200 ml Buttermilch
2 Lorbeerblätter
1 EL Speisestärke
100 g Sahne
1 EL Butter

Für die Garnitur
320 g Kirschen (etwa 20 Stück)
1 EL Puderzucker
100 ml roter Portwein
100 ml Kirschsaft
½ TL Speisestärke

Außerdem
Küchengarn

Für 4 Personen | ca. 30 Min. Zubereitung | 3 Std. Garzeit
Pro Portion ca. 940 kcal, 82 g EW, 34 g F, 33 g KH

1 Den Backofen auf 100° (Ober- und Unterhitze) vorheizen. Die Keulen kalt abbrausen, mit Küchenpapier trockentupfen, von evtl. Sehnen befreien. Die Möhren waschen, putzen, schälen und quer halbieren. Die Möhren in die Lücke stecken, in der sich vorher der Knochen befand. Mit Küchengarn zusammenbinden.

2 Zwiebeln abziehen und klein würfeln. Das Fleisch kräftig mit Salz, Pfeffer und Lebkuchengewürz würzen, mit Mehl bestäuben.

3 Das Öl in einem Topf (28 cm ø) erhitzen und das Fleisch darin bei mittlerer Hitze in 3 Min. anbraten, wenden und weitere 3 Min. ringsherum braten. Fleischstücke herausnehmen und beiseite stellen.

4 Die Zwiebeln im Topf 2 Min. anbraten, Tomatenmark einrühren und 3 Min. braten. Mit etwas Rotwein ablöschen, Flüssigkeit ganz einkochen, den Vorgang 2-mal wiederholen. Das Fleisch einlegen, den Wildfond angießen und aufkochen. Die Buttermilch einrühren und Lorbeerblätter dazugeben. Alles abgedeckt auf dem Ofenrost (Mitte) in 3 Std. garen.

5 Die Kirschen waschen, halbieren und entkernen. Puderzucker in einem Topf (18 cm ø) hellbraun karamellisieren, mit Portwein und Kirschsaft ablöschen und bei mittlerer Hitze 6–8 Min. offen garen. Die Stärke mit etwas kaltem Wasser anrühren, die Flüssigkeit damit binden und weitere 3 Min. bei geringer Hitze eindicken. Kirschen einlegen und den Topf vom Herd ziehen.

6 Die Keulen aus dem Topf nehmen und beiseite stellen. Die Sauce durch ein grobes, dann durch ein feines Sieb passieren und in den Topf geben. Aufkochen und in 5 Min. einkochen. Die Stärke mit etwas kaltem Wasser anrühren, die Sauce unter Rühren damit binden und 3 Min. einkochen. Sahne zugeben und 5 Min. köcheln.

7 Die kalte Butter klein würfeln, nach und nach mit dem Pürierstab in die Sauce mixen. Nach Geschmack nochmals durch ein feines Sieb passieren. Die Keulen in der heißen Sauce erwärmen. Das Küchengarn vom Fleisch lösen, die Keulen halbieren, so dass die Füllung sichtbar wird und mit viel Sauce auf vorgewärmten Tellern anrichten. Mit den lauwarmen Kirschen und z. B. Lorbeer garnieren; Kartoffelpüree (s. Seite 66) dazu servieren.

INFO Die Buttermilch stockt in der heißen Sauce. Das sieht weniger schön aus. Durch das Pürieren und Passieren durch ein Sieb wird die Sauce wieder glatt.

Wildschweinrücken mit Zimt, Himbeeren und Pfirsichen

2 ausgelöste Wildschwein-Frischlingsrücken à 550 g
2–3 Zweige Thymian
1 kleiner Zweig Rosmarin
1 Msp. Zimtpulver
3–4 Prisen Salz
frisch gemahlener schwarzer Pfeffer
3 EL Pflanzenöl

Für die Früchte

80 g Himbeeren
1 Pfirsich
1 TL Zucker
250 ml roter Portwein
50 ml Pfirsichlikör
1 TL Speisestärke

Außerdem

Bratenthermometer

Für 4 Personen | 15 Min. Zubereitung | 1 Std. 10 Min. Garzeit
Pro Portion ca. 540 kcal, 60 g EW, 17 g F, 14 g KH

1 Den Backofen auf 100° (Ober- und Unterhitze) vorheizen. Das Fleisch kalt abbrausen, mit Küchenpapier trockentupfen und von evtl. Sehnen befreien. Kräuter waschen, die Blättchen abzupfen und fein schneiden. Kräuter, Zimt, Salz und etwas Pfeffer vermengen. Das Fleisch mit dem Gewürzsalz von beiden Seiten bestreuen.

2 Das Pflanzenöl in einer Pfanne erhitzen, Fleisch darin 2 Min. bei mittlerer Hitze anbraten, wenden und weitere 2 Min. ringsherum braten. Bratenthermometer ins Fleisch stecken. Das Fleisch auf den Rost (Mitte) legen und mit einem Backblech als Tropfschutz darunter in etwa 1 Std. 10 Min. rosa garen.

3 Das Obst waschen, Himbeeren verlesen, Pfirsich halbieren, Kern entfernen und das Fruchtfleisch in mundgerechte Spalten schneiden. Den Zucker in einem kleinen Topf (18 cm ø) hellbraun karamellisieren, mit Portwein und Pfirsichlikör ablöschen und bei geringer Hitze 10 Min. köcheln lassen.

4 Die Speisestärke mit einem Schuss kaltem Wasser glatt rühren, in die kochende Sauce geben und unter ständigem Rühren 5 Min. köcheln lassen. Pfirsiche und Himbeeren in die Sauce geben und vom Herd nehmen. Die süße Sauce muss nicht gewürzt werden.

5 Fleisch aus dem Ofen nehmen. Die Kerntemperatur sollte etwa 60° betragen. Die Sauce kurz aufkochen lassen. Das Wildschwein in dicke Scheiben schneiden, mit der Himbeer-Pfirsich-Sauce auf vorgewärmten Tellern anrichten. Als Beilage passen Schupfnudeln.

TIPP Das Wildschwein in der Pfanne nochmals nachbraten. Dafür 1 EL Butter aufschäumen, 1 Thymian- und 1 Rosmarinzweig einlegen und das Fleisch darin mehrmals wenden. Die Gewürzbutter gibt Geschmack und das Fleisch wird heiß.

INFO Da die Fleischstücke unterschiedlich groß ausfallen können, ist es ratsam, zur Überprüfung der Kerntemperatur ein Bratenthermometer zu verwenden.

FÜR GÄSTE

Stücke bis ungefähr 1,5 Kilogramm

Von einfach und bodenständig bis kunstvoll und raffiniert. Ausgezeichnete Gerichte für Gäste oder eine schlemmerfreudige Familie.

Rinderschmortopf mit Perlzwiebeln, Majoran und Zitrone

1,5 kg Rindfleisch (aus der Hüfte, z.B. Rosenstück)
200 g Knollensellerie
450 g Zwiebeln
Salz
frisch gemahlener schwarzer Pfeffer
1 EL Mehl (Type 405)
4 EL Pflanzenöl
2 EL Tomatenmark
500 ml kräftiger Rotwein (z.B. Cabernet Sauvignon)
750 ml Bratenfond (aus dem Glas)
250 g Perlzwiebeln (ersatzweise Tellerzwiebeln)
1 EL Puderzucker
200 ml trockener Weißwein
1 Stück Bio-Zitronenschale (ca. 5 cm)
120 g Bacon (Frühstücksspeck)
1 Zweig Majoran
2–3 Zweige glatte Petersilie

Für 4–5 Personen | 30 Min. Zubereitung |
4 Std. 30 Min. Garzeit
Pro Portion ca. 810 kcal, 76 g EW, 29 g F, 21 g KH

1 Den Backofen auf 120° (Ober- und Unterhitze) vorheizen. Das Rindfleisch kalt abbrausen, mit Küchenpapier trockentupfen und von evtl. Sehnen befreien. Das Fleisch in etwa 120 g schwere Stücke schneiden. Für die Sauce den Knollensellerie gründlich waschen, schälen und in 1 cm große Würfel schneiden. Die Zwiebeln abziehen und klein würfeln.

2 Das Fleisch salzen und pfeffern und mit Mehl bestäuben. Das Öl in einem Topf (28 cm ø) erhitzen, Fleischstücke darin von allen Seiten in 8 Min. goldbraun anbraten, herausnehmen und beiseite legen.

3 Zwiebeln und Sellerie in den Topf geben, in 5 Min. goldbraun anbraten, das Tomatenmark einrühren und 3 Min. braten. Mit etwas Rotwein ablöschen, Flüssigkeit ganz einkochen, den Vorgang 2-mal wiederholen.

4 Restlichen Rotwein und Bratenfond dazugießen, aufkochen und das Fleisch wieder einlegen. Abgedeckt ca. 4 Std. 30 Min. im Ofen (Mitte) garen, dabei die Fleischstücke mehrmals wenden.

5 Die Perlzwiebeln etwa 15 Min. in lauwarmes Wasser legen und schälen – so löst sich die Schale besser. Den Puderzucker in einem Topf (20 cm ø) hellbraun karamellisieren, Zwiebeln zugeben, mit Weißwein und 100 ml Wasser ablöschen und bei mittlerer Hitze in 22 Min. einkochen. Die Flüssigkeit sollte dabei fast ganz einkochen.

6 Die Zitronenschale fein hacken. Den Topf herausnehmen und das Fleisch mit der Fleischgabel testen, ob es weich ist. Den Speck in einer großen kalten Pfanne erhitzen, 2 Min. braten, wenden und noch 2 Min. kross braten. Auf Küchenpapier abtropfen lassen.

7 Die Kräuter waschen, trockenschütteln und grob hacken. Kräuter und Zitronenschale in der Sauce aufkochen. Die Sauce mit dem Fleisch aufkochen. Das Fleisch mit den glasierten Zwiebeln und dem gebratenem Speck auf vorgewärmten Tellern anrichten. Als Beilage eignen sich breite Nudeln, Reis, Kartoffelpüree (s. Seite 66), Salzkartoffeln oder Semmelknödel.

TIPP **Fleisch, Fisch und Geflügel erst dann salzen, wenn es gleich weiterverarbeitet wird. Zu langes Ruhen zieht Wasser aus dem Gargut.**

FLEISCH *Gut abgelagertes Fleisch sollte beim Metzger etwa 3 Wochen lagern. Man kann das Fleisch auch im Vakuum reifen lassen. Der Vorteil: Das Fleisch reift langsam, ist frei von Fremdgerüchen und außerdem kann man sich die Portionen je nach Wunsch gleich schneiden lassen. Fragen Sie bei Ihrem Metzger nach.*

Kalbsrahmbraten mit Roséwein, Salbei und Mangoldnudeln

1,6 kg Kalbfleisch (z.B. dickes Bugstück aus der Schulter)
200 g Zwiebeln
Salz
frisch gemahlener schwarzer Pfeffer
1 EL Mehl (Type 405)
4 EL Pflanzenöl
2 EL Tomatenmark
500 ml Roséwein
750 ml Kalbsfond (aus dem Glas)
7 mittelgroße Salbeiblätter
1 EL Speisestärke
400 g Sahne

Für 4–6 Personen | ca. 10 Min. Zubereitung | 3 Std. 30 Min. Garzeit
Pro Portion ca. 610 kcal, 61 g EW, 31 g F, 8 g KH

1 Den Backofen auf 120° (Ober- und Unterhitze) vorheizen. Das Fleisch kalt abbrausen, mit Küchenpapier trockentupfen und von evtl. Sehnen befreien. Die Zwiebeln abziehen und fein würfeln. Das Fleisch von beiden Seiten kräftig salzen und pfeffern und mit Mehl bestäuben.

2 Das Öl in einem Topf (28 cm ø) erhitzen und das Fleisch 3 Min. anbraten, wenden und weitere 3 Min. ringsherum braten. Das Fleisch herausnehmen und beiseite stellen. Im gleichen Topf die Zwiebeln 3 Min. anbraten. Das Tomatenmark einrühren und 3 Min. braten. Mit etwas Roséwein ablöschen, Flüssigkeit ganz einkochen lassen, den Vorgang 2-mal wiederholen. Dann den restlichen Wein und Kalbsfond dazugießen.

3 Salbei waschen, trockentupfen und grob schneiden. Fleisch und 2/3 des Salbeis einlegen und aufkochen lassen. Abgedeckt 3 Std. 30 Min. im Ofen (Mitte) garen, dabei das Fleisch gelegentlich wenden.

4 Den Topf herausnehmen, Fleisch auf einer Platte im Ofen bei 100° warm stellen. Die Sauce auf dem Herd in 5 Min. einkochen lassen, pürieren, durch ein feines Sieb passieren und zurück in den Topf gießen. Die Stärke mit etwas kaltem Wasser verrühren, die Sauce damit binden und 5 Min. kochen. 200 g Sahne in die Sauce einrühren und 3 Min. sämig einkochen lassen.

5 Restliche Sahne leicht aufschlagen. Die Sauce mit Salz und Pfeffer abschmecken. Kurz vor dem Servieren aufgeschlagene Sahne und restlichen Salbei in die heiße Sauce rühren. Das Fleisch mit einem scharfen Messer in 1–2 cm dicke Scheiben schneiden, und z. B. mit gebratenen Salbeiblättern und -blüten garnieren und reichlich Sauce sowie mit Mangoldnudeln servieren.

MANGOLDNUDELN *850 g Mangold waschen, Strunk entfernen. Putzen, Blätter in 1 cm lange Streifen schneiden und in kochendem Salzwasser etwa 3 Min. garen. Dann herausheben, eiskalt abschrecken, gut abtropfen lassen und mit den Händen ausdrücken. 750 g Bandnudeln nach Anleitung garen und abgießen. 3 EL Butter in einem Topf aufschäumen lassen, Mangold darin erwärmen, heiße Nudeln zugeben, gut durchmischen, mit Salz und Pfeffer abschmecken und zum Fleisch reichen.*

Geschmorte Kalbsbacken im Tomatensud mit Chili und Basilikum

12 Kalbsbacken (ca. 2 kg, pariert etwa 1,5 kg)
200 g Zwiebeln
Meersalz (z.B. Fleur de Sel)
frisch gemahlener schwarzer Pfeffer
3 EL Olivenöl
2 Knoblauchzehen
½ rote Chilischote
1 EL Tomatenketchup
2 Dosen Pizzatomaten (à 400 g)
2–3 Zweige Thymian
1 kleiner Zweig Rosmarin
8–12 Basilikumblätter
1 Prise Zucker

Für 4–6 Personen | ca. 15 Min. Zubereitung | 2 Std. 30 Min. Garzeit
Pro Portion ca. 340 kcal, 61 g EW, 8 g F, 7 g KH

1 Den Backofen auf 120° (Ober- und Unterhitze) vorheizen. Das Fleisch kalt abbrausen, mit Küchenpapier trockentupfen und von evtl. Sehnen befreien. Die Zwiebeln abziehen und klein würfeln. Die Kalbsbacken von beiden Seiten kräftig mit Meersalz und Pfeffer würzen. Das Öl in einem Topf (28 cm ø) erhitzen, das Fleisch darin 2 Min. braten, wenden und weitere 3 Min. ringsherum braten.

2 Knoblauch in der Schale andrücken und abziehen. Chilischote waschen, halbieren und entkernen. Das Fleisch herausnehmen und beiseite stellen. Die Zwiebeln in den Topf geben und 3 Min. rösten, bis sie goldbraun sind. Das Tomatenketchup einrühren und 3 Min. braten. Mit den Dosentomaten ablöschen, beide Dosen mit insgesamt 400 ml Wasser ausschwenken und dazugießen. Thymian und Rosmarin waschen und trockenschütteln. Die Kalbsbacken, Thymian, Rosmarin, Knoblauch und Chili in den Topf einlegen und alles aufkochen.

3 Abgedeckt 2 Std. 30 Min. im Ofen (Mitte) garen, dabei das Fleisch gelegentlich wenden und prüfen, ob es schon weich ist. Kurz vor dem Servieren den Basilikum waschen und trockentupfen. Einige schöne Blätter zur Dekoration beiseite legen, den Rest klein schneiden. Das Fleisch herausnehmen, auf eine Platte legen und bei 100° im Ofen warm halten.

4 Die Sauce in 10 Min. einkochen, durch ein grobmaschiges Sieb oder die Flotte Lotte (mittlerer Einsatz) drücken, zurück in den Topf geben und nochmals aufkochen. Das Fleisch darin kurz erwärmen. Die Sauce mit Salz, Pfeffer und 1 Prise Zucker abschmecken und den Basilikum zugeben. Die Kalbsbacken mit der Sauce auf vorgewärmten Tellern anrichten und mit breiten oder Spiralnudeln servieren.

INFO **Die zarten Kalbsbacken – aus dem Kalbskopf geschnitten – sind eine wirkliche Delikatesse. Das magere, aber doch sehr saftige Muskelfleisch eignet sich allerdings nur zum Schmoren. Kalbsbacken am besten beim Metzger vorbestellen, da sie nicht immer im Angebot sind.**
Unter Parieren versteht man in der Küchensprache das Befreien des Fleischstücks von Sehnen und Fett. Man kann den Metzger bitten, dies zu erledigen.

TIPP **Die Flotte Lotte, ein Passiergerät für Früchte, Gemüse und andere Lebensmittel sollte in keiner Küche fehlen. Mit Hilfe der unterschiedlichen Siebeinsätze können Sie die Feinheit der passierten Zutaten variieren.**

Zwiebelgulasch mit Paprika, Sauerkraut und frischem Majoran

1,5 kg Schweinefleisch
(aus der Schulter ohne Schwarte)
300 g Zwiebeln
1 Knoblauchzehe
1 TL gemahlener Kümmel
1 TL edelsüßes Paprikapulver
1 TL Rosenpaprika, scharf
Salz
schwarzer Pfeffer aus der Mühle
1 EL Mehl (Type 405)
6 EL Pflanzenöl
1 TL Zucker
2 EL Tomatenmark
500 ml trockener Weißwein
750 ml Gemüsefond oder Bratenfond
220 g mehlig kochende Kartoffeln
1 Dose Sauerkraut, fertig gekocht (Füllmenge 400 g)
2 Zweige Majoran
Cayennepfeffer
½ Bund Schnittlauch
3 EL saure Sahne

Für 6 Personen | ca. 25 Min. Zubereitung |
ca. 3 Std. Garzeit
Pro Portion ca. 490 kcal, 59 g EW, 16 g F, 15 g KH

1 Den Backofen auf 120° (Ober- und Unterhitze) vorheizen. Das Fleisch kalt abbrausen, mit Küchenpapier trockentupfen und in 4 cm große Würfel schneiden (je 40–50 g schwer).

2 Zwiebeln und Knoblauch abziehen, in dünne Streifen schneiden und beiseite legen. Die Fleischwürfel in einer Schüssel mit Kümmel, den beiden Sorten Paprika sowie Salz und Pfeffer würzen, mit Mehl bestäuben und gut durchmischen.

3 4 EL Öl in einem Topf (28 cm ø) erhitzen und die Hälfte des Fleisches darin ringsherum 5 Min. anbraten. Herausnehmen und das übrige Fleisch im restlichen Öl 4–5 Min. anbraten. Fleisch beiseite stellen.

4 Zwiebeln und Knoblauch in den Topf geben, mit Zucker bestreuen und bei mittlerer Hitze 2 Min. hellbraun karamellisieren. Das Tomatenmark einrühren und 3 Min. rösten. Mit einem Schuss Weißwein ablöschen, ganz einkochen lassen und den Vorgang 2–3-mal wiederholen. Den restlichen Weißwein und den Gemüsefond dazugießen. Fleischstücke einlegen und aufkochen lassen. Die Kartoffeln waschen, schälen, mit einer Küchenreibe fein in die kochende Sauce reiben und alles durchrühren.

5 Das Gulasch abgedeckt im Ofen (Mitte) in 3 Std. weich schmoren. Dabei das Fleisch mehrmals in der Sauce wenden und mit einer Fleischgabel prüfen, ob es weich ist.

6 Den Topf herausnehmen. Das Sauerkraut in einem Sieb kalt abbrausen, abtropfen lassen, in das Gulasch rühren und 5 Min. bei mittlerer Hitze erwärmen. Den Majoran waschen, trockenschütteln, Blättchen abzupfen und grob schneiden. Das Gulasch mit Salz, Pfeffer und Cayennepfeffer abschmecken. Den Majoran einrühren.

7 Den Schnittlauch waschen, trockenschütteln und in feine Röllchen schneiden. Die saure Sahne in einer kleinen Schüssel glatt rühren, mit Salz und Pfeffer würzen und mit Schnittlauch verfeinern.

8 Das Zwiebelgulasch auf vorgewärmten Tellern anrichten und mit einem Klacks saurer Sahne servieren und z. B. mit 1 Zweig Majoran garnieren. Als Beilage passen gestampfte Kartoffeln oder Salzkartoffeln.

TIPP **Das Gulasch können Sie ruhig schon am Vortag kochen. Aufgewärmt schmeckt es noch besser.**

Gebratener Lammschlegel mit Ofentomaten

1,8 kg Lammschlegel am Knochen
Salz | schwarzer, gemahlener Pfeffer
1 Zweig Salbei
2 Lorbeerblätter
1 Zweig Rosmarin
2 Zweige Thymian
3 EL Olivenöl
1 EL Butter
200 ml Kalbsfond
Für die Ofentomaten
800 g Eiertomaten
2 Knoblauchzehen
4 EL Olivenöl
2 Prisen Meersalz (z.B. Fleur de Sel)
schwarzer Pfeffer
4 Zweige Thymian

Für 6 Personen | ca. 20 Min Zubereitung | ca. 2 Std. Garzeit
Pro Portion ca. 610 kcal, 38 g EW, 49 g F, 4 g KH

1 Backofen auf 120° vorheizen. Das Fleisch kalt abbrausen, mit Küchenpapier trockentupfen und mit Salz und Pfeffer würzen. Die Kräuter waschen, trockenschütteln die Blättchen abzupfen und klein schneiden. Die Hälfte beiseite legen.

2 Olivenöl in einer großen Pfanne erhitzen, das Fleisch darin von allen Seiten gut anbraten und die Kräuter dazugeben. Ein Bratenthermometer in die Mitte des Bratens stecken. Den Lammschlegel auf einen Rost (Mitte) geben, ein Backblech als Tropfschutz darunter schieben und im Ofen in ca. 2 Std. garen, bis der Braten eine Kerntemperatur von 36° hat. Den Ofen auf 100° zurückschalten und das Fleisch zu einer Kerntemperatur von 54° garen. Dann auf 70° herunterschalten und den Braten eine Kerntemperatur von 60° annehmen lassen.

LISL WAGNER-BACHER gilt als »Grand Dame« der österreichischen Koch-Künstler(innen), und das seit über zwei Jahrzehnten. Ihre Küche nimmt regionale Produkte und bodenständische Zubereitungsweisen auf, die sie geschickt mit internationalen Einflüssen zu kombinieren weiß.

MEINE FAVORITEN

Ohne Kräuter geht nichts: gutes Fleisch bei niedriger Temperatur gegart erhält erst dadurch seine besondere Würze. Ich empfehle daher: zu Rind: Thymian, Lorbeer, schwarze Pfefferkörner; zu Kalb: Thymian, Salbei, Knoblauch, schwarze Pfefferkörner; zu Schwein: Thymian, Rosmarin, Majoran, Knoblauch, Kümmel, schwarze Pfefferkörner; zu Reh und Hirsch: Thymian, Lorbeer, Wacholderbeeren, schwarze Pfefferkörner, Zimt, Nelken; und zu Geflügel: Thymian, Rosmarin, Salbei, Oregano, Knoblauch

3 Inzwischen die Tomaten kreuzförmig einschneiden, in kochendes Wasser geben, bis sich die Haut löst, eiskalt abschrecken, häuten, vierteln und entkernen. Den Knoblauch abziehen und in Scheiben schneiden. 1 Std. 30 Min. vor Garzeitende das Backblech mit wenig ÖL ausreiben, die Lammkeule darauf setzen und die Tomaten samt Knoblauchscheiben darum verteilen; mit Öl beträufeln, Meersalz, Pfeffer und Thymian würzen.

4 Vor dem Servieren etwas Butter in einer Pfanne aufschäumen. Die restlichen Kräuter dazugeben, den Fond dazugießen und die Sauce etwas einkochen lassen. Durch ein Sieb abgießen und mit Salz und Pfeffer abschmecken. Das Fleisch kurz nachbraten und mit den Ofentomaten und der Sauce servieren.

Spanferkelrollbraten mit Pflaumen und Aprikosen

1,5 kg Spanferkelschulter (mit Schwarte ohne Knochen)
Für die Füllung
1 Laugenbrezel
50 g getrocknete Pflaumen
50 g getrocknete Aprikosen
50 ml Milch
1 Ei (Größe M)
1 kleine Zwiebel (60 g)
1 EL Butter
2 Zweige glatte Petersilie
Salz
frisch gemahlener schwarzer Pfeffer
Für die Sauce
200 g Zwiebeln
1 Knoblauchzehe
3 EL Pflanzenöl
500 g klein gehackte Schweineknochen (z.B. Rippen, Schwanz)
1 TL Tomatenmark
750 ml Gemüsefond (aus dem Glas)
Außerdem
Küchengarn

Für 4–6 Personen | ca. 25 Min. Zubereitung | 3 Std. 15 Min. Garzeit
Pro Portion ca. 510 kcal, 59 g EW, 23 g F, 16 g KH

1 Den Backofen auf 120° (Ober- und Unterhitze) vorheizen. Das Fleisch kalt abbrausen und trockentupfen. So ausbreiten und zurechtschneiden, dass eine gleichmäßige Fleischschicht entsteht.

2 Für die Füllung die Brezel in 1 cm große Stücke schneiden, Pflaumen und Aprikosen vierteln. Zusammen in eine Schüssel geben. Milch in einem kleinen Topf erwärmen, Ei aufschlagen, mit der Milch verrühren, über die Brezel-Frucht-Mischung geben, gut verrühren und 15 Min. ziehen lassen.

3 Für die Füllung die Zwiebel abziehen und fein schneiden. Butter in einer kleinen Pfanne aufschäumen, Zwiebeln darin in 3 Min. glasig dünsten. Die Petersilie waschen, trockenschütteln, die Blättchen abzupfen und grob schneiden. Zwiebeln und Petersilie zu der Brezelfüllung geben und vorsichtig salzen und pfeffern.

4 Die Fleischseite salzen und pfeffern, die Schwartenseite nur mit Salz einreiben. Die Füllung in der Mitte der Fleischseite verteilen, vorsichtig aufrollen und mit dem Küchengarn fest zusammenbinden.

5 Für die Sauce die Zwiebeln abziehen und in 1 cm große Würfel schneiden. Knoblauch andrücken und abziehen. Das Öl in einem Topf (28 cm ø) erhitzen und die Knochen darin in 10 Min. bei mittlerer Hitze unter Rühren anbraten. Zwiebeln und Knoblauch zugeben und 5 Min. mitbraten. Das Tomatenmark einrühren, 2 Min. rösten, mit einem Schuss Gemüsefond ablöschen, Flüssigkeit vollständig einkochen lassen und die restliche Brühe nach und nach dazugießen.

6 Den Rollbraten mit der Schwarte nach unten in die Flüssigkeit legen. Offen auf dem Rost (Mitte) 3 Std. und 15 Min. garen. Nach ca. 1 Std. 30 Min. wenden. Bei Garzeitende mit einer Fleischgabel testen, ob er weich ist. Den Topf herausnehmen und den Ofen auf Grillfunktion stellen.

7 2 EL Wasser mit 2 Prisen Salz verrühren. Die Sauce durch ein feines Sieb passieren und in einem kleinen Topf in 5 Min. sämig einkochen. Erst jetzt mit Salz und Pfeffer abschmecken. Die Schwarte mit dem Salzwasser bepinseln.

8 Das Fleisch auf dem Rost (unten), mit einem Backblech als Tropfschutz darunter und in 10–15 Min. ringsherum goldbraun und knusprig übergrillen. Das Fleisch dabei immer wieder wenden und mit Salzwasser einstreichen. Den Braten portionsweise aufschneiden, dabei das Garn entfernen und mit dem heißen Fleischsaft und garniert mit Petersilie servieren. Als Beilage eignen sich Salzkartoffeln, Kartoffel- oder Semmelknödel.

Gefüllter Bauerngockel mit Petersilie und Zitronen

1 Bauerngockel (Masthähnchen ca. 1,6 kg)
100 g Zwiebeln
1 Bio-Zitrone
1 TL edelsüßes Paprikapulver
1 TL Salz
frisch gemahlener schwarzer Pfeffer
½ Bund glatte Petersilie
2 EL Butter
Außerdem
Holzspieße
1 Bratschlauch (Haushaltswarengeschäft)
Zitronenscheiben und glatte Petersilie zur Garnitur

Für 4 Personen | ca. 10 Min. Zubereitung | 2 Std. 50 Min. Garzeit
Pro Portion ca. 630 kcal, 70 g EW, 38 g F, 3 g KH

1 Den Backofen auf 100° (Ober- und Unterhitze) vorheizen. Das Geflügel innen und außen kalt abbrausen und mit Küchenpapier trockentupfen. Flügelspitzen und Bürzel entfernen und die Flügelspitzen klein schneiden. Die Zwiebeln abziehen und klein würfeln.

2 Die Zitrone heiß waschen, abtrocknen und die Schale fein abreiben. Mit Paprikapulver, Salz, Pfeffer und 3 TL Wasser verrühren. Den Gockel von innen und außen damit einstreichen und kräftig einmassieren. Das Zitronenfruchtfleisch in grobe Stücke schneiden.

3 Petersilie waschen und trockenschütteln. Die Petersilie samt Stängeln, Zitrone und etwa der Hälfte der Zwiebeln in die Öffnung geben, mit Holzspießen verschließen. Den Bratschlauch laut Packungsanleitung zuschneiden. 1 EL Butter klein würfeln.

4 Restliche Zwiebeln, klein gehackte Flügelspitzen und Butterwürfel in der Mitte des Bratschlauchs verteilen und den Gockel daraufsetzen. Bratschlauch nach Packungsanleitung verschließen. Auf einem Blech (Mitte) 2 Std. 50 Min. garen.

5 Den Bratschlauch aus dem Ofen nehmen und aufschneiden. Den Ofen auf Grillfunktion stellen. Gockel herausnehmen und der Länge nach halbieren. Die Füllung herausnehmen und das Rückgrat herauslösen. Die restliche Butter aufschäumen lassen. Die Geflügelhälften mit der Hautseite nach oben auf ein Backblech legen, mit der flüssigen Butter bepinseln und im Backofen in 4–5 Min. goldbraun grillen.

6 Die Bratenflüssigkeit durch ein feines Sieb passieren, in einen kleinen Topf geben, aufkochen und in 4–5 Min. sämig einkochen lassen. Mit Salz und Pfeffer würzen. Die knusprigen Gockelhälften aus dem Ofen nehmen und quer halbieren. Den restlichen Bratensatz mit zur Sauce gießen. Den Gockel auf vorgewärmten Tellern anrichten, mit Zitronenscheiben und Petersilie garnieren sowie dem Bratenfond servieren. Als Beilage passen ein Kartoffel-Gurken-Salat oder ein Kopfsalat mit Tomaten und Gurken.

Rollbraten vom Hirsch mit Cassis-Likör und Schokolade

1,5 kg Hirschschulter ohne Knochen (als Rollbraten zusammengebunden)
80 g Möhren
80 g Knollensellerie
200 g Zwiebeln
Salz
frisch gemahlener schwarzer Pfeffer
1 TL Wildgewürz, gemahlen
4 EL Pflanzenöl
2 EL Tomatenmark
400 ml kräftiger Rotwein (z. B. Cabernet Sauvignon)
1 EL Mehl (Type 405)
3 Zweige Thymian
100 ml Cassis-Likör (schwarzer Johannisbeerlikör)
750 ml Wildfond (aus dem Glas) oder Gemüsefond
15 Wacholderbeeren (im Mörser leicht angedrückt)
2 TL Speisestärke
20 g dunkle Schokolade (Kakaoanteil 85%)
Für die Garnitur
300 g Pfifferlinge
2 EL Butter
½ Bund Schnittlauch

Für 6 Personen | ca. 30 Min. Zubereitung | ca. 3 Std. 30 Min. Garzeit
Pro Portion ca. 605 kcal, 55 g EW, 22 g F, 18 g KH

1 Den Backofen auf 120° (Ober- und Unterhitze) vorheizen. das Fleisch kalt abbrausen und mit Küchenpapier trockentupfen. Möhren und Knollensellerie waschen, putzen, schälen, in 1 cm große Würfel schneiden. Die Zwiebeln abziehen und klein würfeln. Das Fleisch ringsherum mit Salz, Pfeffer und Wildgewürz würzen.

2 Das Öl in einem Topf (24 cm ø) erhitzen, den Rollbraten einlegen und ringsherum 5 Min. anbraten. Das Fleisch herausnehmen und beiseite legen.

3 Zwiebeln und Gemüse in den Topf geben und 3 Min. bei mittlerer Hitze rösten. Das Tomatenmark zugeben und 3 Min. unter Rühren rösten. Mit etwas Rotwein ablöschen und die Flüssigkeit ganz einkochen lassen. Mit dem Mehl bestäuben, kurz durchrühren und wieder mit etwas Rotwein ablöschen. Den Vorgang 2-mal wiederholen. Den Thymian waschen und trockenschütteln. Das Fleisch einlegen, den restlichen Rotwein, Cassis-Likör und Wildfond dazugießen und aufkochen lassen. Thymian und Wacholderbeeren einlegen.

4 Den Braten abgedeckt im Backofen (Mitte) in 3 Std. 30 Min. garen; dabei das Fleisch mehrmals wenden und mit einer Fleischgabel prüfen, ob es beim Reinstechen weich ist.

5 Die Pfifferlinge putzen und verlesen. Größere Exemplare halbieren und kühl stellen.

6 Den Braten nach Garzeitende herausnehmen und auf einer Platte im Ofen bei 100° warm stellen. Die Sauce durch ein feines Sieb passieren, zurück in den Topf geben, aufkochen lassen und in 3 Min. einkochen. Die Stärke mit etwas kaltem Wasser glatt rühren, Sauce damit binden und in 15 Min. sämig einkochen. Die Schokolade grob hacken, in die Sauce geben, glatt rühren, mit Salz und Pfeffer abschmecken und vom Herd nehmen.

7 Für die Garnitur den Schnittlauch waschen, trockenschütteln und in feine Röllchen schneiden. Die Butter in einer großen Pfanne aufschäumen, Pfifferlinge einlegen und 3 Min. scharf anbraten, salzen und pfeffern und mit Schnittlauch bestreuen. Das Fleisch aus dem Ofen nehmen, Küchengarn entfernen, in fingerdicke Scheiben schneiden und mit der Sauce und den gerösteten Pfifferlingen und z. B. Wirsingpürée servieren.

TIPP **Die Hirschschulter wird nach dem Auslösen aufgerollt. Am besten lassen Sie sich den Braten schon beim Metzger so vorbereiten. Der Braten kann so gleichmäßig garen, und Sie können ihn später in Scheiben aufschneiden.**

Rosa gebratene Rehkeule mit Gewürzbirnen

1,5 kg Rehkeule (vom Metzger hohl auslösen lassen)
1 TL gemahlenes Wildgewürz
Salz
frisch gemahlener schwarzer Pfeffer
6 EL Pflanzenöl

Für die Sauce
120 g Möhren
120 g Knollensellerie
200g Zwiebeln
800 g klein gehackte Rehknochen (fallen beim Auslösen an)
ca. 8 Pimentkörner
ca. 15 Wacholderbeeren, leicht angedrückt
½ TL schwarze Pfefferkörner
3 Lorbeerblätter
2 EL Tomatenmark
1 EL Mehl (Type 405)
500 ml kräftiger Rotwein (z.B. Cabernet Sauvignon)
1 l Wildfond (aus dem Glas)
2 EL Wildpreiselbeeren (aus dem Glas)
100 g leicht geschlagene Sahne

Für die Gewürzbirnen
1 kleine Dose Babybirnen (Abtropfgewicht 210 g)
150 ml trockener Weißwein
½ Zimtstange | 2 Nelken | ½ Vanilleschote
1 Msp. Lebkuchengewürz

Außerdem
Küchengarn
Bratenthermometer

Für 4–6 Personen | ca. 25 Min. Zubereitung |
2 Std. 15 Min. Garzeit
Pro Portion ca. 695 kcal, 63 g EW, 22 g F, 23 g KH

1 Den Backofen auf 100° (Ober- und Unterhitze) vorheizen. Das Fleisch kalt abbrausen, trockentupfen und von evtl. Sehnen befreien. Das Wildgewürz mit 1/2 TL Salz und Pfeffer verrühren, die Rehkeule kräftig damit einreiben und zusammenbinden.

2 In einer Pfanne 3 EL Öl erhitzen. Die Keule darin bei mittlerer Hitze 2 Min. anbraten, wenden und weitere 3 Min. braten. Bratenthermometer der Länge nach ins Fleisch stecken. Das Fleisch auf dem Rost (Mitte) mit einem Backblech als Tropfschutz darunter in ca. 2 Std. 15 Min. rosa garen.

3 Für die Sauce das Gemüse waschen, schälen und in kleine Würfel schneiden. Zwiebeln abziehen und klein würfeln. Restliches Öl in einem Topf (24 cm ø) erhitzen und die Knochen 10 Min. bei mittlerer Hitze rösten. Zwiebeln, Gemüse und Gewürze zugeben, 3 Min. braten, das Tomatenmark einrühren und 2 Min. braten. Mit Mehl bestäuben, gut verrühren und etwas Rotwein ablöschen. Flüssigkeit ganz einkochen lassen, den Vorgang 2-mal wiederholen und den Wildfond aufgießen. Die Sauce aufkochen und bei geringer Hitze in 2 Std. offen einkochen.

4 Die Birnen in ein Sieb geben, dabei den Saft auffangen. 250 ml Saft mit dem Weißwein in einem Topf (18 cm ø) aufkochen, Gewürze zugeben und ca. 10 Min. bei geringer Hitze köcheln lassen. Birnen zugeben, Topf vom Herd nehmen und die Birnen ziehen lassen.

5 Die Sauce durch ein feines Sieb passieren, zurück in den Topf gießen, aufkochen und in ca. 5 Min. sämig einkochen lassen. Die Preiselbeeren einrühren, mit Salz und Pfeffer abschmecken. Kurz vor dem Servieren die Sahne unterziehen.

6 Beim Herausnehmen sollte die Kerntemperatur des Fleisches etwa 58–60° betragen. In fingerdicke Scheiben schneiden und das Garn entfernen. Die Rehkeule mit Sauce und lauwarmen Gewürzbirnen auf vorgewärmten Tellern anrichten und servieren. Als Beilage eignen sich Spätzle oder Semmelknödel.

INFO **Beim sogenannten »hohl« auslösen wird der Knochen so ausgelöst, dass die Keule an einem Stück bleibt und die Fleischteile nicht auseinander fallen. Um die Keule in Form zu bringen, wird sie mit Küchengarn gebunden wie bei einem Rollbraten. Gerade zum Füllen einer Keule bietet sich das »hohl« auslösen an, und das Fleisch lässt sich später leichter aufschneiden.**

Gebratene Putenbrust mit Ingwer, Vanille und Kürbis

1 kg Putenbrust am Stück
½ Bio-Orange
100 g Zwiebeln
1 Knoblauchzehe
1 Stück frischer Ingwer (ca. 6 cm)
½ rote Chilischote
½ Vanilleschote
½ TL Currypulver
Meersalz (z.B. Fleur de Sel)
3 EL Pflanzenöl
2 Zweige Basilikum
1 EL Butter
Für die Paprikasauce
1 gelbe Paprika (ca. 250 g)
1 kleine Schalotte (20 g)
1 EL Butter
250 ml Geflügelfond (aus dem Glas)
200 g Sahne
Für den Kürbis
500 g Muskatkürbis (geputzt etwa 400 g, ersatzweise Hokkaido)
2 EL Butter
Salz
frisch gemahlener schwarzer Pfeffer
Außerdem
Bratschlauch (Hauhaltswarengeschäft)
Bratenthermometer

Für 4 Personen | ca. 30 Min. Zubereitung | 1 Std. 20 Min. Garzeit
Pro Portion ca. 590 kcal, 63 g EW, 33 g F, 10 g KH

1 Den Ofen auf 100° (Ober- und Unterhitze) vorheizen. Das Fleisch kalt abbrausen, mit Küchenpapier trockentupfen und von evtl. Sehnen befreien. Die Orange heiß abwaschen, Zwiebeln abziehen, beides grob zerschneiden. Knoblauch und Ingwer schälen, Chilischote waschen, entkernen und alles grob zerkleinern. Vanilleschote längs aufschneiden, Mark mit dem Messerrücken herauskratzen und die Schote beiseite legen.

2 Knoblauch, Ingwer, Chili, Vanillemark, Currypulver und Meersalz in den Mörser geben und zu einer feinen Paste zermahlen. Die Putenbrust ringsherum gut damit einreiben. Das Öl in einer Pfanne erhitzen, das Fleisch darin in 2 Min. goldbraun anbraten, wenden und weitere 3 Min. ringsherum braten. Den Bratenthermometer der Länge nach ins Fleisch stecken.

3 Basilikum waschen, trockenschütteln, Blättchen abzupfen und einige zur Garnitur beiseite legen. Den Bratschlauch auf die Größe des Bratens zuschneiden, Orangen- und Zwiebelstücke darin verteilen, Putenbrust darauf setzen, mit einigen Butterflocken, ausgekratzter Vanilleschote und 6–8 Basilikumblättern belegen. Nach Packungsanleitung verschließen, auf dem Backblech im Ofen (Mitte) in 1 Std. 20 Min. garen.

4 Die Paprika putzen, halbieren, entkernen, waschen und die Hälften in 1 cm große Stücke schneiden. Schalotte abziehen und fein würfeln. Die Butter in einem Topf aufschäumen, Schalotten darin bei geringer Hitze in 3 Min. glasig dünsten, Paprikawürfel zugeben und noch 5 Min. garen. Den Geflügelfond angießen, aufkochen und 20 Min. bei schwacher Hitze offen köcheln.

5 Kürbis entkernen, schälen und in 2–3 mm dünne Scheiben schneiden. Kurz vor dem Servieren 1 EL Butter in einer großen Pfanne erwärmen, Kürbis zugeben, etwas salzen und pfeffern und von beiden Seiten 2–3 Min. braten.

6 Den Braten herausnehmen und auf eine Platte legen. Die Kerntemperatur sollte jetzt etwa 60° betragen. Im Ofen bei 80° warm halten. Die Bratenflüssigkeit durch ein Sieb passieren, 150 ml davon zur Paprikasauce geben, Sahne zugeben und in 10 Min. sämig einkochen. Die Sauce fein pürieren und mit Salz und Pfeffer abschmecken. Den Braten aufschneiden, mit dem Kürbis und der Paprikasauce auf vorgewärmten Tellern anrichten, sowie den übrigen Basilikumblättern garnieren. Dazu passt gekochter Reis.

DIE RIESEN

Stücke ab
ca. 1,5 Kilogramm

Große Stücke aus der Schulter oder Nuss, aber auch Haxen und große Geflügel sind perfekt für feierliche Anlässe und Tafelfreuden mit mehreren Gästen. Auf den nächsten Seiten finden Sie Rezepte für vier bis acht Personen.

Gesottene Rinderschulter im Meerrettichsud

1,7 kg Rinderbug (Schulter)
Salz
frisch gemahlener schwarzer Pfeffer
180 g Möhren
120 g Petersilienwurzel
160 g Staudensellerie
1 kleine Zwiebel (60 g)
2 Nelken
2 Lorbeerblätter
2 Pimentkörner
½ TL schwarze Pfefferkörner
½ TL Wacholderbeeren
2 EL Pflanzenöl
1,5 l Rinderfond (aus dem Glas)
frisch geriebene Muskatnuss
Für die Garnitur
120 g Möhren
120 g Knollensellerie
120 g Lauch
1 Bund Schnittlauch
frisch geriebener Meerrettich
Außerdem
Gewürzsieb
Passiertuch

Für 4–5 Personen | ca. 25 Min. Zubereitung | 5 Std. Garzeit
Pro Portion ca. 585 kcal, 74 g EW, 30 g F, 5 g KH

1 Den Ofen auf 80° (Ober- und Unterhitze) vorheizen. Das Fleisch kalt abbrausen, mit Küchenpapier trockentupfen, von evtl. Sehnen befreien, salzen und pfeffern. Das Gemüse waschen, putzen und grob zerteilen. Die Zwiebel mit Schale halbieren. Gewürze im Mörser grob zerstoßen, in ein Gewürzsieb geben und verschließen.

2 Die Zwiebel mit der Schnittfläche nach unten in einer kleinen Pfanne in 5 Min. ohne Fett goldbraun rösten. Das Öl in einem Topf (28 cm ø) erhitzen und das Fleisch ringsherum 5 Min. anbraten. Den Rinderfond angießen, aufkochen und das Gemüse mit der Zwiebel dazugeben. Zugedeckt 5 Std. im Ofen (Mitte) garen, dabei das Fleisch gelegentlich wenden. Nach 4 Std. Garzeit die Gewürze zugeben.

3 Für die Garnitur Möhren, Sellerie und Lauch waschen, schälen und in feine, 8 cm lange Streifen schneiden. Die Möhren- und Selleriestreifen in kochendem Salzwasser 2 Min. garen, den Lauch dazugeben und 1 Min. weitergaren. Gemüsestreifen in ein Sieb geben, eiskalt abschrecken und gut abtropfen lassen. Schnittlauch waschen, trockenschütteln und in feine Röllchen schneiden.

4 Nach Ende der Garzeit das Fleisch im Ofen bei 80° warm stellen. Die Brühe durch ein mit einem Passiertuch ausgelegtes Sieb abgießen, aufkochen und mit Salz, Pfeffer und geriebener Muskatnuss würzen.

5 Das Gemüse im Sieb in der heißen Brühe erwärmen. Das Fleisch in fingerdicke Scheiben schneiden, auf vorgewärmten Tellern anrichten, mit den Gemüsestreifen belegen und nach Geschmack mit heißer Brühe übergießen. Mit geriebenem Meerrettich und Schnittlauch bestreuen. Dazu passen Salzkartoffeln.

INFO Je nach Reifegrad und Alter des Rindfleisches kann sich die Garzeit verschieben. Deshalb während des Garens gelegentlich mit der Fleischgabel in das Fleisch stechen und prüfen, ob das Fleisch schön weich ist.

TIPP Suppenliebhaber können das gekochte Rindfleisch auch mit reichlich Brühe, Suppennudeln oder Pfannkuchenstreifen genießen. Falls Brühe übrig bleiben sollte, am besten portionsweise einfrieren.

Rib-Eye mit Koriander, Anis und gebratenem Blumenkohl

2 kg Rib-Eye am Stück
1 TL schwarze Pfefferkörner
Meersalz (z.B. Fleur de Sel)
2 TL körniger Senf
4 EL Pflanzenöl
Für den Blumenkohl
2 kg Blumenkohl
200 g Lauch
4 EL Butter
Salz
6 Prisen Curry
200 ml Gemüsefond (aus dem Glas)
200 g Sahne
Cayennepfeffer
Für die Gewürzbutter
1 TL Korianderkörner
1 TL Anissamen
1 kleine rote Chilischote
1 Knoblauchzehe
2 EL Butter
Außerdem
Bratenthermometer

Für 6–8 Personen | ca. 25 Min. Zubereitung | 5 Std. Garzeit
Pro Portion ca. 540 kcal, 60 g EW, 30 g F, 7 g KH

1 Den Backofen auf 80° (Ober- und Unterhitze) vorheizen. Das Fleisch kalt abbrausen, mit Küchenpapier trockentupfen und evtl. Sehnen entfernen. Die Pfefferkörner im Mörser grob zerstoßen. Das Fleisch pfeffern, salzen und kräftig mit Senf einreiben.

2 Das Öl in einer großen Pfanne erhitzen, Fleisch darin 3 Min. braten, wenden und weitere 3 Min. braten. Ein Bratenthermometer ins Fleisch stecken. Den Braten auf den Rost (Mitte) legen, ein Backblech als Tropfschutz darunter schieben und in 5 Std. rosa garen.

3 Den Blumenkohl putzen und den Strunk entfernen. Die Köpfe in 1 cm dicke Scheiben schneiden. Lauch gründlich waschen, längs halbieren und schräg in 2 cm große Stücke schneiden. 20 Min. vor Garzeitende des Fleisches 2 EL Butter in einer großen Pfanne aufschäumen. Die Hälfte des Blumenkohls darin von beiden Seiten insgesamt 4 Min. braten. Mit Salz und 3 Prisen Curry würzen. Lauch dazugeben und unter Rühren 2 Min. mitbraten. 100 ml Gemüsefond und 100 g Sahne dazugießen, aufkochen und in 4 Min. sämig einkochen. Mit Salz und Cayennepfeffer abschmecken. Die Pfanne säubern und den Vorgang mit dem restlichen Blumenkohl wiederholen. Alles in die Pfanne geben und nochmals aufkochen lassen.

4 Koriander und Anis im Mörser grob zerstoßen. Die Chilischote waschen und vorsichtig mit dem Messerrücken andrücken – die Schote sollte ganz bleiben. Mit der Handinnenseite den ungeschälten Knoblauch andrücken. Nach Garzeitende das Fleisch aus dem Ofen nehmen.

5 Die Butter in einer Pfanne aufschäumen, Gewürze, Chili und Knoblauch einlegen und kurz durchschwenken. Das Fleisch darin bei mittlerer Hitze 6–8 Min. nachbraten, dabei mehrmals wenden und mit Gewürzbutter übergießen. Den Braten aufschneiden, mit dem Blumenkohl auf vorgewärmten Tellern servieren und nach Geschmack mit Gewürzbutter beträufeln.

INFO **Rib-Eye ist ein Stück aus der Hochrippe. Das marmorierte, gut abgehangene Fleisch eignet sich gut für sanftes Garen. Nach der Schlachtung sollte das Fleisch beim Metzger mindestens 3 Wochen reifen.**

Geschmorte Kalbsnuss mit Ratatouillekruste

2,3 kg Kalbsnuss aus der Keule
Salz
frisch gemahlener schwarzer Pfeffer
200 g Zwiebeln
4 EL Olivenöl
1 EL Tomatenmark
200 ml trockener Weißwein
800 ml Kalbsfond (aus dem Glas) oder Gemüsefond
4 mittelgroße Salbeiblätter
1 EL Speisestärke
2 Prisen Zucker

Für die Ratatouillekruste

80 g Zucchini
80 g Aubergine
80 g rote Paprikaschote
80 g gelbe Paprikaschote
1 Knoblauchzehe
2–3 Zweige Thymian
etwa 6–8 große Basilikumblätter
2 EL Olivenöl
2 Scheiben Toastbrot
150 g weiche Butter
Meersalz (z.B. Fleur de Sel)

Außerdem

Pergamentpapier

Für 6–7 Personen | ca. 30 Min. Zubereitung | 4 Std. Garzeit
Pro Portion ca. 610 kcal, 74 g EW, 30 g F, 7 g KH

1 Den Backofen auf 120° (Ober- und Unterhitze) vorheizen. Das Fleisch kalt abbrausen und mit Küchenpapier trockentupfen. Die Zwiebeln abziehen und fein würfeln. Das Fleisch salzen und pfeffern.

2 Das Öl in einem Topf erhitzen und das Fleisch darin von allen Seiten 6 Min. anbraten, bis sich alle Poren schließen. Herausnehmen und beiseite legen. Die Zwiebeln in 3 Min. anbraten. Tomatenmark einrühren und weitere 3 Min. braten. Mit etwas Weißwein ablöschen und die Flüssigkeit vollständig einkochen. Den Vorgang 2-mal wiederholen, dann den Kalbsfond aufgießen.

3 Salbei waschen, trockentupfen und grob zerschneiden. Mit dem Fleisch in den Topf geben und aufkochen. Zugedeckt 4 Std. auf dem Rost (Mitte) garen, dabei das Fleisch gelegentlich wenden.

4 Für die Kruste das Gemüse waschen, putzen und klein würfeln. Den Knoblauch abziehen und fein würfeln. Kräuter waschen, trockenschütteln, Thymianblättchen abzupfen und Basilikum grob zerkleinern. Das Öl in einer Pfanne erhitzen. Gemüse und Knoblauch in 3 Min. darin anbraten. Salzen, pfeffern und die Kräuter dazugeben. Das Gemüse auf einem Teller auskühlen lassen.

5 Das Toastbrot entrinden und mit dem Pürierstab in einem hohen Gafäß fein zerreiben. Die Butter mit dem Handrührgerät in 5 Min. weiß-schaumig aufschlagen. Mit den Brotbröseln und Gemüsewürfeln verrühren und Salz und Pfeffer abschmecken. Die Ratatouillebutter in einem Stück Pergamentpapier zusammenrollen und kalt stellen.

6 Das Fleisch herausnehmen und den Ofen auf Grillfunktion einstellen. Die Sauce durch ein Sieb passieren und in 5 Min. einkochen. Die Stärke mit wenig kaltem Wasser glatt rühren und die Sauce binden. 10 Min. einkochen und mit Salz, Pfeffer und Zucker abschmecken.

7 Die Ratatouillebutter in 1 cm dicke Scheiben schneiden, auf das Fleisch legen und leicht andrücken. Das Fleisch auf einem Backblech im Ofen (Mitte) in 5–6 Min. goldbraun übergrillen. Den Braten in fingerdicke Scheiben schneiden und der Sauce auf vorgewärmten Tellern anrichten. Dazu passen gebratene Thymiankartoffeln und übergrillte Kirschtomaten.

TIPP **Nach Geschmack mit übergrillten Kirschtomaten servieren: 700 g gewaschene Kirschtomaten in eine ofenfeste Form geben, mit einigen Rosmarinnadeln, 2 Prisen Meersalz und Pfeffer bestreuen, 5–6 EL Olivenöl beträufeln und beim Übergrillen des Fleisches mit in den Ofen stellen – die Tomatenhaut soll dabei aufplatzen.**

Spanferkel mit Koriandermöhren

TIM RAUE, Koch-Aufsteiger des Jahres 2007, gilt als einer der erfolgreichsten deutschen Nachwuchsköche. Neben Könnerschaft überzeugt er immer wieder durch sein Gespür für Aromenkombinationen.

2 EL Pökelsalz (vom Metzger)
2 EL edelsüßes Paprikapulver
1 EL Chilipulver
6 EL Pflanzenöl
1 Spanferkelschulter (ca. 1,5 kg, ohne Knochen mit Schwarte)

Für die Koriandermöhren

12 Bundmöhren
Salz
24 Korianderstängel
1 EL Butter
1 TL Cayennepfeffer
½ TL dunkles Sesamöl

Für die Ingwervinaigrette

½ rote Paprikaschote
2 EL eingelegter, gelber Sushi-Ingwer
½ Bio-Limette (Saft und fein gehackte Schale)
1 TL Speisestärke
4 EL Pflanzenöl

Außerdem

Klarsichtfolie

Für 4–5 Personen | ca. 40 Min. Zubereitung | 4 Std. Garzeit
Pro Portion ca. 585 kcal, 68 g EW, 29 g F, 14 g KH

NIEDRIGTEMPERATURGAREN *ist eine Technik, der ich das erste Mal bei der Zubereitung einer Peking-Ente begegnete. Die Saftigkeit des Fleischs war beeindruckend, das Ergebnis grandios. Mein persönlicher Durchbruch beim Niedrigtemperaturgaren gelang mir, als wir begannen, die Stücke zu pökeln; diese Technik ließ das Fleisch innen zart und außen knusprig-straff werden. Mein Rezept ist exemplarisch für meine Küche: Aromenwucht durch Schärfe, Säure und natürlich Süße sowie ein Texturenspiel und die Vermählung von regionaler Standfestigkeit mit der internationalen Gewürzwelt.*

1 Pökelsalz, Paprika- und Chilipulver mit 2 EL Öl verrühren und die Spanferkelschulter damit einreiben. Den Braten fest in Klarsichtfolie wickeln und im Kühlschrank 24 Std. ziehen lassen.

2 Den Backofen auf 100° vorheizen. Den Braten bei 100° etwa 4 Std. garen (Mitte). Die Möhren putzen, schälen und im Ganzen in reichlich kochendem Salzwasser in 7–10 Min. weich dünsten.

3 Die Paprika waschen, putzen und in klein würfeln. Den Sushi-Ingwer fein hacken. Die Limette heiß waschen, abtrocknen und die Schale abreiben. Den Saft auspressen und alles beiseite stellen.

4 Das Fleisch aus dem Ofen nehmen, in Scheiben schneiden und im Ofen warm halten. Den Bratenfond aufkochen, Stärkemehl mit etwas kaltem Wasser verrühren und zum Fond geben. Aufkochen und sirupartig einkochen. Paprikawürfel, Sushi-Ingwer, Limettenschale und -saft unterrühren, lauwarm halten.

5 Die Korianderstängel kurz in Salzwasser blanchieren. In einer Pfanne die Butter erhitzen, den Cayennepfeffer einrühren und mit etwas Wasser ablöschen, Sesamöl und etwas Salz zugeben. Die Möhren darin wenden und erwärmen, den Koriander dazugeben.

6 Das Öl in die Vinaigrette einrühren. Etwas Vinaigrette auf die vorgewärmten Teller geben, darauf die Spanferkelscheiben legen und mit den Möhren servieren.

Ganze Kalbshaxe mit Perlgraupengemüse und Spinat

1,7 kg Kalbshaxe mit Knochen (Hinterhaxe)
Salz
frisch gemahlener schwarzer Pfeffer
200 g Zwiebeln
80 g Möhren
80 g Knollensellerie
1 Knoblauchzehe
3 EL Pflanzenöl
2 EL Tomatenmark
2 EL Aceto Balsamico
1 EL Mehl (Type 405)
500 ml kräftiger Rotwein (z.B. Cabernet Sauvignon)
750 ml Kalbsfond (aus dem Glas)
50 ml trockener Sherry
Kräuterbund (60 g weißer Lauch, 2–3 Zweige Thymian, 1 Zweig Salbei, 2 Zweige Oregano)
1 Prise Zucker

Für das Perlgraupengemüse
160 g mittelfeine Perlgraupen
200 g junger Spinat
60 g Schalotten
1 kleine Knoblauchzehe
2 EL Butter
200 ml Geflügelfond (aus dem Glas)
50 g Parmesan, gerieben
Cayennepfeffer

Für 4 Personen | ca. 25 Min. Zubereitung | 3 Std. 30 Min. Garzeit
Pro Portion ca. 630 kcal, 65 g EW, 18 g F, 32 g KH

1 Den Backofen auf 120° (Ober- und Unterhitze) vorheizen. Die Kalbshaxe kalt abbrausen und mit Küchenpapier trockentupfen. Die Zwiebeln abziehen und klein würfeln. Möhren und Sellerie waschen, schälen und klein würfeln. Den Knoblauch andrücken und abziehen. Die Haxe salzen und pfeffern.

2 Das Öl in einem Topf (28 cm ø) erhitzen und die Kalbshaxe darin 5 Min. von allen Seiten goldbraun anbraten, herausheben und beiseite stellen. Im gleichen Topf die Zwiebeln in 3 Min. hellbraun anbraten. Gemüsewürfel und Tomatenmark dazugeben und unter ständigem Rühren 5 Min. rösten. Etwas Balsamico angießen und ganz einkochen. Mit Mehl bestäuben und 1 Min. weiterrösten. Mit Rotwein mehrmals ablöschen und immer wieder einkochen. Kalbsfond und Sherry angießen. Fleisch, Knoblauch und Kräuterbund einlegen und alles aufkochen. Zugedeckt in 3 Std. 30 Min. auf dem Rost im Ofen (Mitte) garen, dabei die Kalbshaxe gelegentlich wenden.

3 Die Graupen kalt waschen und in reichlich kochendem Salzwasser in 30 Min. weich garen. In ein Sieb geben, eiskalt abschrecken und abtropfen lassen. Den Spinat verlesen, putzen, grobe Stiele entfernen, gründlich waschen und in einem Sieb abtropfen lassen. Schalotten und Knoblauch abziehen und fein würfeln.

4 Nach Garzeitende die Haxe bei 80° warm stellen. Den Bratenfond durch ein Sieb passieren, aufkochen lassen und in 20 Min sämig einkochen. Mit Salz, Pfeffer und Zucker abschmecken.

5 10 Min. vor dem Servieren 1 EL Butter in einem Topf aufschäumen. Schalotten und Knoblauch darin in 3 Min. glasig dünsten. Graupen einrühren, Geflügelfond angießen und aufkochen. Restliche kalte Butter klein würfeln, Spinat einrühren, in 4–5 Min. sämig einkochen. Parmesan und Butter einrühren. Mit Salz, schwarzem Pfeffer und Cayennepfeffer abschmecken.

6 Die Haxe vom Knochen lösen, in fingerdicke Scheiben schneiden und mit Gemüse und Bratenfond auf vorgewärmten Tellern servieren.

TIPP **Kräuterbund heißt in der Fachsprache »bouquet garni«. Dafür das Weiße vom Lauch gründlich – auch zwischen den Schichten – waschen. Die gewaschenen Kräuter in die Lauchblätter wickeln und mit einem Küchengarn fest zusammenbinden – so kann man den Kräuterbund nach dem Kochen problemlos aus der Sauce fischen.**

Schweinenacken mit Bärlauchkartoffeln

2 kg Schweinenacken am Stück
1 große Knoblauchzehe
2 TL Salz
schwarzer Pfeffer aus der Mühle

Für die Sauce
80 g Knollensellerie
200 g Zwiebeln
3 EL Pflanzenöl
500 g Schweineknochen, klein gehackt
500 ml Bratenfond (aus dem Glas)
2 TL Speisestärke
2 Prisen gemahlener Kümmel

Für das Kartoffelgemüse
1,5 kg Kartoffeln, vorwiegend festkochend
200 g Lauch
2 EL Butter
700 ml Gemüsefond (aus dem Glas)
4 Blätter frischer Bärlauch (12 g)

Für 6–8 Personen | 25 Min. Zubereitung |
4 Std. Garzeit
Pro Portion ca. 720 kcal, 47 g EW, 42 g F, 30 g KH

1 Den Backofen auf 120° C (Ober und Unterhitze) vorheizen. Das Fleisch kalt abbrausen und mit Küchenpapier trockentupfen. Den Knoblauch abziehen, zerschneiden, mit dem Salz bestreuen und fein hacken. Das Fleisch mit dem Knoblauchsalz bestreuen, reichlich pfeffern und alles kräftig ins Fleisch einmassieren.

2 Den Sellerie waschen, schälen und in kleine Würfel schneiden. Die Zwiebeln abziehen und fein würfeln. Das Öl in einem Topf (28 cm ø) erhitzen und das Fleisch darin von allen Seiten in 8 Min. goldbraun anbraten, herausheben und beiseite legen. Die Knochen in den Topf geben und 8 Min. rösten, bis sie goldbraun sind. Zwiebeln und Sellerie dazugeben und 5 Min. rösten. Einen Schuss Bratenfond zugeben und etwas einkochen. Den restlichen Fond dazugießen, Fleisch einlegen und aufkochen. Offen 4 Std. im Ofen (Mitte) garen, dabei das Fleisch gelegentlich wenden.

3 Die Kartoffeln waschen, schälen und ca. 1 cm klein würfeln. Den Lauch gründlich waschen und in 1 cm große Blättchen schneiden. Die Butter in einem Topf (28 cm ø) aufschäumen, Kartoffelwürfel dazugeben, salzen, 2 Min. anschwitzen, mit der Gemüsefond ablöschen und aufkochen. Zugedeckt bei mittlerer Hitze 20 Min. garen. Den Lauch dazugeben und 8–10 Min. garen. Den Bärlauch waschen, trockenschütteln und die Blätter in feine Streifen schneiden. Das Kartoffelgemüse mit Salz und Pfeffer abschmecken und mit den Bärlauchstreifen verfeinern.

4 Das Fleisch aus dem Ofen nehmen und mit der Fleischgabel testen, ob es weich ist. Die Sauce zum Kochen bringen und die Knochen herausnehmen. Die Stärke mit wenig kaltem Wasser glatt rühren, die Sauce damit binden und 2–3 Min. kochen. Mit Salz, Pfeffer und Kümmel abschmecken. Das Fleisch in fingerdicke Scheiben schneiden und mit Kartoffelgemüse sowie der Sauce auf vorgewärmten Tellern servieren.

Gefüllte Gans mit Früchtebrot

1 Gans (4,8 kg)
Salz
schwarzer Pfeffer aus der Mühle
Für die Füllung
120 ml Milch
½ Würfel frische Hefe (21 g)
250 g Mehl (Type 405)
1 Prise Zucker
40 g Butter
1 Ei (Größe M)
1 Prise Salz
je 50 g Trockenobst (Kletzen, Cranberries, Feigen, Sultaninen, Datteln, Aprikosen, Pflaumen)
20 g Zitronat | 20 g Orangeat
2 EL Orangenlikör
Mehl für die Arbeitsfläche
Für die Sauce
etwa 600 g Gänseknochen oder Hühnerflügel
200 g Zwiebeln | 100 g Knollensellerie
100 g Möhren
2 EL Pflanzenöl
1 EL Tomatenmark
200 ml kräftiger Rotwein (z.B. Cabernet Sauvignon)
1,5 l Gänsefond (aus dem Glas)
2 Zweige Beifuß
1 EL Speisestärke
Außerdem
Holzspieße
Beifuß zur Garnitur

Für 4–6 Personen | ca. 40 Min. Zubereitung | 4 Std. 30 Min. Garzeit
Pro Portion ca. 1415 kcal, 62 g EW, 69 g F, 91 g KH

1 Für die Füllung die Milch erwärmen. Hefe zerbröseln und mit 6–8 EL warmer Milch verrühren. Mehl in eine Schüssel geben, in der Mitte eine Mulde formen, die Hefemilch eingießen und mit Zucker bestreuen. Abdecken und an einem warmen Ort 40 Min. gehen lassen.

2 Die Butter klein schneiden; Butter, Ei und Salz in die restliche Milch geben. Das Trockenobst samt Zitronat und Orangeat in 1 cm große Stücke schneiden, mit dem Orangenlikör verrühren und ziehen lassen. Die Milchmischung zur Hefe geben und mit dem Rührgerät in 10 Min. zu einem glatten Teig verkneten. Teig und Früchte auf einer bemehlten Arbeitsfläche verkneten.

3 Den Ofen auf 120° (Ober und Unterhitze) vorheizen. Die Gans kalt abbrausen und trockentupfen. Flügelspitzen, Kragen und Bürzel abschneiden. Innen salzen, pfeffern, mit dem Teig füllen und mit Holzspießen verschließen. Die Haut kräftig salzen und die Gans mit der Brust nach unten auf ein tiefes Blech setzen, 150 ml Wasser angießen und 4 Std. 30 Min. garen. Immer wieder mit Bratfett übergießen und nach 3 Std. wenden.

4 Für die Sauce alles an Knochen und Abschnitten klein hacken. Zwiebeln, Sellerie und Möhren schälen und klein würfeln. Das Öl in einem Topf (28 cm ø) erhitzen und die Knochen darin bei mittlerer Hitze 10 Min. rösten. Gemüse dazugeben, 3 Min. rösten und mit dem Tomatenmark 3 Min. unter Rühren braten. Mit etwas Rotwein ablöschen und einkochen. Den Vorgang 2-mal wiederholen.

5 Den Gänsefond angießen, Beifuß einlegen und offen bei geringer Hitze 3 Std. köcheln lassen. Die Sauce durch ein Sieb passieren und in einem kleinen Topf kurz einkochen. Die Stärke mit wenig kaltem Wasser anrühren, die Sauce binden und noch 3 Min. köcheln lassen, mit Salz und Pfeffer abschmecken.

6 Die Gans herausnehmen, Ofen auf Grillfunktion stellen. Die Haut nochmals salzen und mit dem Bratenfett einpinseln. Die Gans auf den Rost legen (Mitte), ein Backblech als Tropfschutz darunter schieben und 10 Min. goldbraun übergrillen, dabei öfter einpinseln. Der Braten ist fertig, wenn beim Hineinstechen zwischen Keule und Brust klarer Fleischsaft heraus rinnt.

7 Die Gans der Länge nach halbieren. Füllung vorsichtig herausnehmen und in fingerdicke Scheiben schneiden. Die Gans zerteilen, mit der Füllung und der heißen Sauce auf vorgewärmten Tellern anrichten und z. B. mit Kartoffelknödeln, Beifuß und Rotkohl servieren.

Rosa gebratene Lammkeule mit Rosmarin und Orangen

3 kg Lammkeule (hohl ausgelöst ergeben das 2,2 kg, s. Info, S. 94)

Für das Gewürzsalz

1 Zweig Rosmarin
4–5 Zweige Thymian
2 Knoblauchzehen
1 TL schwarze Pfefferkörner
2 Prisen schwarze Senfkörner
1 Msp. abgeriebene Bio-Orangenschale
1 TL Meersalz (z.B. Fleur de Sel)
3 EL Olivenöl

Für die Sauce

100 g Möhren | 100 g Knollensellerie
200g Zwiebeln
4 EL Olivenöl
600–800 g Lammknochen, klein gehackt (fallen beim Auslösen an)
2 EL Tomatenmark
1 EL Mehl (Type 405)
500 ml kräftiger Rotwein (z.B. Cabernet Sauvignon)
1 l Lammfond (aus dem Glas)
1 Zweig Thymian

Außerdem

Küchengarn | Bratenthermometer

Für 6–8 Personen | ca. 20 Min. Zubereitung | 2 Std. 20 Min. Garzeit
Pro Portion ca. 1130 kcal, 70 g EW, 79 g F, 10 g KH

1 Den Backofen auf 120° C (Ober und Unterhitze) vorheizen. Das Fleisch kalt abbrausen, mit Küchenpapier trockentupfen und von evtl. Sehnen befreien.

2 Die Kräuter waschen, trockenschütteln, abzupfen und grob schneiden. Knoblauch abziehen und klein schneiden. Kräuter, Knoblauch, Pfefferkörner und Senfkörner in einem Mörser fein zerstoßen, Orangenabrieb und Meersalz dazugeben und verrühren. Die Lammkeule kräftig damit einreiben und mit Küchengarn zusammenbinden. Das Öl in einer Pfanne erhitzen, die Lammkeule darin bei mittlerer Hitze 2 Min. anbraten, wenden und noch 3 Min. anbraten. Das Bratenthermometer ins Fleisch stecken. Die Keule auf dem Rost (Mitte) mit einem Backblech als Tropfschutz darunter in 2 Std. 20 Min. rosa garen.

3 Das Gemüse waschen, schälen und klein würfeln. Zwiebeln abziehen und klein schneiden. Das Öl in einem Topf (24 cm ø) erhitzen und die Knochen darin 10 Min. bei mittlerer Hitze rösten. Zwiebeln und Gemüse dazugeben und 3 Min. rösten. Tomatenmark zugeben und 2 Min. braten, mit einem Schuss Rotwein ablöschen, mit Mehl bestäuben und verrühren. Flüssigkeit ganz einkochen. Den Vorgang 2-mal wiederholen. Lammfond und restlichen Rotwein angießen, die Sauce aufkochen und bei geringer Hitze 2 Std. offen köcheln. Durch ein Sieb geben, aufkochen und in 5 Min. sämig einkochen. Thymian einlegen, salzen und pfeffern.

4 Fleisch bei einer Kerntemperatur von etwa 68° herausnehmen, in fingerdicke Scheiben schneiden und das Küchengarn entfernen. Bratensatz mit etwas Wasser lösen, zur Sauce geben und aufkochen. Das Fleisch mit der Sauce auf vorgewärmten Tellern anrichten. Dazu passt Artischocken-Erbsen-Gemüse.

ARTISCHOCKEN-GEMÜSE *Die Stiele von 4 Artischocken (à 330 g) herausbrechen und zwei Drittel der oberen Blätter abschneiden. Blätter um den Blütenboden und das Heu entfernen. Die Böden in mundgerechte Stücke schneiden und in Zitronenwasser legen. 450 g TK-Erbsen in reichlich kochendem Salzwasser 2–3 Min. garen, abgießen und eiskalt abschrecken. Die Artischocken in 3 EL heißem Olivenöl in 10 Min. von beiden Seiten braten. 4 EL Butter und Erbsen zugeben, mit Salz, Pfeffer und 1 Prise Zucker abschmecken.*

Truthahn mit Tandoori-Paste und Ananasragoût

1 Truthahn (5,8 kg)
Salz
schwarzer Pfeffer aus der Mühle
3 TL Tandoori-Paste (Asienladen)

Für die Füllung
1 Bio-Orange
1 Bio-Zitrone
1 großer Bund glatte Petersilie
2 Zweige Minze
300 g Zwiebeln
1 l Geflügelfond (aus dem Glas)
2 EL Butter
1 EL Speisestärke

Für das Ananasragoût
2 Ananas (etwa 1,5 kg Fruchtfleisch)
1 Stück frischer Ingwer (20 g)
1 kleine rote Chilischote
1 Zwiebel (70 g)
2 EL Butter
100 ml Pfirsichlikör
200 ml frisch gepresster Orangensaft
12–16 mittelgroße Minzeblätter

Außerdem
Holzspieße
Alufolie

Für 6–8 Personen | ca. 25 Min. Zubereitung |
4 Std. 30 Min. Garzeit
Pro Portion ca. 1275 kcal, 102 g EW, 84 g F, 28 g KH

1 Den Backofen auf 120° C (Ober und Unterhitze) vorheizen. Den Truthahn kalt abbrausen und mit Küchenpapier trockentupfen. Flügelspitzen, Kragen und Bürzel abschneiden und die Knochen klein hacken. Den Braten von innen und außen salzen, pfeffern und die Tandooripaste kräftig einmassieren.

2 Orange und Zitrone heiß waschen und mit Schale grob zerteilen. Kräuter waschen und trockenschütteln. Zwiebeln abziehen und grob schneiden. Alles mit der Hälfte der Zwiebeln mischen, den Truthahn damit füllen und mit Holzspießen verschließen.

3 Den Truthahn mit der Brustseite nach unten auf ein tiefes Blech setzen, die übrigen Zwiebeln und Truthahnabschnitte darauf verteilen und 250 ml Geflügelfond angießen. Den Braten im Ofen (Mitte) 3 Std. garen. Dabei nach und nach den restlichen Fond dazugießen und das Fleisch mehrmals damit einpinseln.

4 Danach den Braten herausnehmen, Brüste und Flügel auslösen, in Alufolie wickeln und beiseite stellen. Keulen abtrennen, mit der Fleischseite nach unten in den Bratenfond legen und noch 1 Std. 30 Min. garen. 20 Min. vor Garzeitende die Brüste und Flügel zu den Keulen legen und wieder erwärmen.

5 Die Ananas schälen, säubern, vierteln und den Strunk entfernen. Fruchtfleisch in etwa 1/2 cm große Würfel schneiden. Ingwer schälen und klein hacken. Chili entkernen und fein hacken. Die Zwiebel abziehen und fein würfeln. Die Butter in einem Topf (24 cm ø) aufschäumen, Zwiebeln darin 5 Min. glasig dünsten. Mit Pfirsichlikör ablöschen, Orangensaft angießen, aufkochen, Ananaswürfel, Ingwer und Chili einlegen und offen bei mittlerer Hitze in 25 Min. einkochen. Die Minzeblätter waschen, trockentupfen und in feine Streifen schneiden. Das Ananasragoût leicht salzen, mit der Minze verfeinern und etwas abkühlen lassen.

6 Das Fleisch auf ein 2. Backblech legen. Den Ofen auf Grillfunktion stellen. Butter in einem kleinen Topf aufschäumen lassen, leicht salzen. Die Fleischstücke mit der Butter bepinseln und im Ofen (Mitte) in 8–10 Min. goldbraun grillen. Dabei immer wieder mit der flüssigen Butter bestreichen.

7 Inzwischen den Bratenfond durch ein Sieb passieren, aufkochen und einige Min. köcheln lassen. Die Stärke mit etwas kaltem Wasser anrühren, die Sauce damit binden und 3 Min. bei geringer Temperatur kochen. Mit Salz und Pfeffer abschmecken. Die kross gebratenen Truthahnstücke aufschneiden und mit Sauce und dem warmen Fruchtragoût auf vorgewärmten Tellern servieren. Reis oder Couscous dazu servieren.

FISCH

Im Ganzen und Filets

Gerade für die Zubereitung von Fischgerichten ist das sanfte Garen ideal: Der Fisch bleibt zart und saftig und behält sein natürliches Aroma.

Gedämpfter Heilbutt mit schwarzem Tee und gebratenem Lauch

1 kg küchenfertiger schwarzer Heilbutt (am Stück, mit Haut)
1 TL schwarze Pfefferkörner
1 TL Meersalz (z. B. Fleur de Sel)
½ Bund glatte Petersilie
2 TL offener, schwarzer Tee (z.B. Friesenmischung)
1 EL Butter
100 ml Gemüsefond (aus dem Glas), heiß

Für den Lauch
2 Stangen Lauch (ca. 400 g)
40 g Butter

Für die Sauce
100 g Sahne
½ TL Speisestärke
50 g kalte Butter
Salz
frisch gemahlener schwarzer Pfeffer

Außerdem
Bratschlauch (Haushaltswarengeschäft)

Für 3–4 Personen | ca. 15 Min. Zubereitung | 45 Min. Garzeit
Pro Portion ca. 510 kcal, 46 g EW, 34 g F, 5 g KH

1 Den Backofen auf 100° (Ober und Unterhitze) vorheizen. Den Fisch kalt abbrausen und mit Küchenpapier trockentupfen. Haut auf beiden Seiten mit einem scharfen Messer im Abstand von 4 cm einritzen (s. Tipp).

2 Pfefferkörner im Mörser grob zerstoßen und mit dem Meersalz mischen. Den Fisch damit einreiben. Petersilie waschen und trockenschütteln.

3 Den Bratschlauch nach Anleitung vorbereiten. Die Petersilie darin verteilen und mit dem schwarzen Tee bestreuen. Fisch darauf legen und Gemüsefond angießen. Die Butter klein würfeln und auf dem Fisch verteilen. Etwas Luft in den Bratschlauch pusten, Enden verschließen und auf ein Ofenblech setzen. Im Ofen (Mitte) in 45 Min. garen.

4 Den Lauch putzen, waschen, grobes Grün entfernen und in 4–5 cm lange Stücke schneiden. Die Butter in einem Topf (24 cm ø) aufschäumen, den Lauch darin bei geringer Hitze und unter mehrmaligem Wenden in 20 Min. goldbraun braten und gleich salzen.

5 Den Bratschlauch herausnehmen und öffnen. Den Fisch auf einer Platte bei 80° warm stellen. Die Bratflüssigkeit durch ein feines Sieb in einen Topf (18 cm ø) gießen, erhitzen, die Sahne dazugeben und aufkochen. Die Stärke mit etwas kaltem Wasser anrühren, in die kochende Sauce rühren und 2–3 Min. unter Rühren kochen. Die kalte Butter klein würfeln und mit dem Pürierstab nach und nach in die Sauce mixen. Mit Salz und Pfeffer abschmecken.

7 Zum Servieren die Haut abziehen, Fisch von den Gräten lösen und mit dem Lauch und der Sauce auf vorgewärmten Tellern servieren. Dazu passen Salzkartoffeln oder eine Wildreismischung.

INFO **Das Fischfleisch wird bei zu hoher Temperatur sehr schnell trocken. Ein klares Anzeichen dafür ist gestocktes Eiweiß. Auf dem Fisch und an den Seiten sind dann kleine weiße Punkte zu sehen. Fisch sollte innen noch glasig schimmern. Nur dann ist er saftig und schmackhaft.**

TIPP **Die Fischhaut mit einem scharfen Messer ritzen. So können die Aromen besser ins Fleisch eindringen und gleichzeitig gart der Fisch dadurch schneller.**

Zander-Lachs-Zopf mit Brunnenkresse und Gurken

2 EL Olivenöl
½ Lachsseite (ca. 750 g, ohne Haut)
1 Zanderfilet (ca. 450 g, ohne Haut)
Meersalz (z.B. Fleur de Sel)
frisch gemahlener schwarzer Pfeffer
Für den Salat
250 g Brunnenkresse
100 g gemischte junge Salatblätter
250 g Salatgurke
200 g saure Sahne
2 EL Milch
1 EL Champagneressig (ersatzweise Weißweinessig)
1 TL Olivenöl
Salz
2 Prisen Zucker
etwas Olivenöl zum Beträufeln
Außerdem
Klarsichtfolie

Für 6 Personen | ca. 35 Min. Zubereitung |
22 Min. Garzeit
Pro Portion ca. 410 kcal, 42 g EW, 25 g F, 4 g KH

1 Den Ofen auf 80° (Ober und Unterhitze) vorheizen. Ein Backblech mit Olivenöl bestreichen. Den Fisch kalt abbrausen und mit Küchenpapier trockentupfen. Evtl. Mittelgräten mit einer Pinzette oder Grätenzange entfernen, ebenso die Bauchlappen.

2 Die Filets längs in 35 cm lange und 2 cm dicke Streifen schneiden. Pro Person 2 Lachs- und 1 Zanderstreifen zu einem Zopf flechten, kreisrund (11–12 cm ø) auf Backblech setzen und die Enden zusammendrücken. Die Fischzöpfe salzen, pfeffern und mit Folie abgedeckt im Ofen (Mitte) in 22 Min. glasig garen.

3 Die Brunnenkresse waschen und von groben Stielen befreien. Salat waschen und mit der Kresse trockenschleudern. Die Gurke waschen, schälen, längs halbieren und mit einem Teelöffel entkernen. Die Gurkenhälften schräg in dünne Scheiben schneiden.

4 Für das Dressing saure Sahne, Milch, Essig und Öl verrühren. Mit Salz, Pfeffer und Zucker würzen. Die Salatzutaten damit mischen und abschmecken.

5 Fischzöpfe herausnehmen, Folie entfernen, auf vorgewärmte Teller legen und den Salat darin anrichten. Fisch mit einigen Tropfen Olivenöl beträufeln. Dazu frisches Baguette servieren.

INFO **Sollte keine Salatschleuder zur Hand sein, wickeln Sie den Salat in ein Küchentuch, drehen das Tuch zusammen und schleudern ihn mit der Hand. Der Salat schmeckt besser, wenn er trocken ist, außerdem verwässert so das Dressing nicht.**

TIPP **Der Fischzopf ist nicht nur dekorativ, sondern dient gleichzeitig als kleine Salatschale.**

Thunfisch »schwarzweiß« mit Avocado und Sprossen

400 g Thunfisch am Stück (Sushi-Qualität)
1 EL Olivenöl
Für den Salat
1 reife Avocado (320 g)
Saft von ½ Limette
1 Tomate (100 g)
1 Frühlingszwiebel (20 g)
2 Zweige Koriandergrün
2 EL Olivenöl
Meersalz (z.B. Fleur de Sel)
frisch gemahlener schwarzer Pfeffer
Chiliflakes (getrocknete Chilflocken)
1 Prise Zucker
1 EL Crème fraîche
etwas Limettensaft
1 EL gerösteter weißer Sesam
1 EL schwarzer Sesam (Asienladen)
10 g Sprossen, z.B. Rote Bete- oder Alfalfasprossen
Außerdem
Klarsichtfolie

Für 2 Personen | ca. 20 Min. Zubereitung | 25 Min. Garzeit
Pro Portion ca. 920 kcal, 47 g EW, 79 g F, 6 g KH

1 Den Backofen auf 80° (Ober und Unterhitze) vorheizen. Den Fisch kalt abbrausen und mit Küchenpapier sorgfältig trockentupfen.

2 Das Öl in einer Pfanne erhitzen und den Thunfisch darin ringsherum 1 Min. anbraten, herausheben, auf eine ofenfeste Platte legen und mit Folie abdecken. Im Ofen (Mitte) in 25 Min. rosa garen.

3 Die Avocado schälen, halbieren, Kern entfernen und die Hälften klein würfeln; sofort mit Limettensaft beträufeln. Die Tomate waschen, Strunk entfernen, entkernen, das Fruchtfleisch klein würfeln. Frühlingszwiebel waschen, putzen und schräg in feine Ringe schneiden. Den Koriander waschen, trockenschütteln und grob schneiden. Avocado, Tomaten, Lauch und Koriander vermengen, mit Olivenöl beträufeln. Mit Salz, Pfeffer, Chiliflakes und Zucker würzen und vorsichtig mischen.

4 Die Crème fraîche mit 1 Spritzer Limettensaft glatt rühren und leicht salzen. Die beiden Sesamsorten auf einem Teller miteinander mischen.

5 Den Fisch aus dem Ofen nehmen, im Sesam wälzen, quer halbieren und in 1 cm dicke Scheiben schneiden. Avocadosalat auf Tellern anrichten, mit dem Fisch belegen und den Sprossen sowie Koriander und Limette garnieren. Die Thunfischscheiben mit Salz und Pfeffer würzen. Mit Limetten-Crème fraîche beträufeln und Baguette servieren, und z. B. mit Koriander und Limettenspalten dekorieren.

TIPP **Frischer Thunfisch ist eine echte Delikatesse. Durch zu langes Garen bei zu hoher Temperatur wird er allerdings trocken, grau und schmeckt nicht mehr. Tunfischliebhaber essen ihn deshalb nur ganz kurz auf beiden Seiten angebraten. Für Neulinge sollte er aber unbedingt noch einen rosafarbenen Kern haben. Sie werden überrascht sein, wie gut der Fisch so schmeckt.**

Lauwarme Jakobsmuscheln mit Roter Bete und Trüffeln

12 Jakobsmuscheln
(à 20 g, küchenfertig ohne Rogen)
400 g Rote Bete (gekocht, vakuumverpackt)
40 g eingelegte ganze schwarze Trüffeln
(aus dem Glas)
4 EL Olivenöl
2 TL Trüffelöl von weißen Trüffeln
(Feinkostgeschäft)
frisch gemahlener schwarzer Pfeffer
Meersalz (z.B. Fleur de Sel)
Außerdem
Runder Ausstecher (4 cm ø)
Klarsichtfolie

Für 4 Personen | ca. 20 Min. Zubereitung |
18 Min. Garzeit
Pro Portion ca. 190 kcal, 13 g EW, 13 g F, 6 g KH

1 Den Backofen auf 80° (Ober und Unterhitze) vorheizen. Muscheln kalt abbrausen und mit Küchenpapier sorgfältig trockentupfen.

2 Jede Muschel in 3 dünne Scheiben schneiden und mit dem Messer etwas flach streichen. Die Rote Bete in 36 Scheiben von 3 mm Dicke schneiden und rund ausstechen. Die Trüffeln mit einem scharfen Messer ebenfalls in 36 dünne Scheiben schneiden.

3 Das Olivenöl mit dem Trüffelöl mischen. 4 Teller mit jeweils 1 TL der Ölmischung bestreichen und leicht pfeffern. Abwechselnd darauf die 3 Zutaten dachziegelartig anrichten. Pro Person sind 9 Muschel-, 9 Rote Bete- und 9 Trüffelscheiben vorgesehen. Jede Portion mit je 1 TL der Ölmischung beträufeln.

4 Die Teller mit Folie abdecken und für 18 Min. im Ofen (Mitte) garen. Herausnehmen und etwas hin und her schwenken, damit sich Rote-Bete-Saft und Öl besser verbinden. Mit Meersalz, Pfeffer und dem restlichen Öl würzen und mit Grissini oder aufgebackenen Baguette servieren.

INFO **Das Trüffelöl unterstreicht den Geschmack des schwarzen Sommertrüffels. Sein Aroma ist nicht so intensiv wie beispielsweise beim weißen Alba-Trüffel aus dem Piemont oder den schwarzen Trüffeln aus dem Périgord.**

TIPP **Die Jakobsmuscheln sind ein idealer erster Gang für ein elegantes feines Menü. Zum Anrichten und Garen sehen eckige Teller wunderschön aus, da sie die Grafik des Gerichts noch unterstreichen.**

Doraden mit Zitronengras, Ingwer und Chili

2 küchenfertige Doraden à 480 g (im Ganzen)
1 Stück Ingwer (ca. 6 cm)
1 kleine Knoblauchzehe
½ kleine rote Chilischote
5–6 Prisen Meersalz (z.B. Fleur de Sel)
2 Stängel Zitronengras
4 Kaffir-Limettenblätter (Asienladen)
3–4 EL Pflanzenöl
4 Zweige Koriandergrün

Für die Marinade
Saft von ½ Limette
1 ½ TL Fischsauce (Asienladen)
1 ½ TL brauner Zucker
2 Scheiben Knoblauch
¼ kleine rote Chilischote
2 Zweige Koriandergrün

Außerdem
Klarsichtfolie

Für 2 Personen | ca. 15 Min. Zubereitung | 50 Min. Garzeit
Pro Portion ca. 565 kcal, 51 g EW, 37 g F, 8 g KH

1 Den Backofen auf 80° (Ober und Unterhitze) vorheizen. Die Fische von innen und außen kalt abbrausen, evtl. Blutreste im Bauchraum entfernen und mit Küchenpapier trockentupfen. Die Haut von beiden Seiten in einem Abstand von 3 cm leicht einschneiden.

2 Ingwer und Knoblauch schälen, in Stücke schneiden, Chilischote entkernen. Ingwer, Knoblauch und Chili im Mörser zu einer feinen Paste zerreiben. Das Meersalz darunter mischen. Die Doraden innen und außen mit der Gewürzpaste einreiben.

3 Das Zitronengras am dickeren Ende mit dem Messerrücken flach klopfen und grob zerschneiden. Kaffir-Limettenblätter einmal halbieren. Mit dem Zitronengras im Bauch und auf den beiden Doraden verteilen.

4 Pro Fisch 2 EL Öl in einer Grillpfanne erhitzen. Jede Dorade pro Seite 1/2 Min. braten und auf einer ofenfesten Platte beiseite stellen. Den Koriander waschen, trockenschütteln und auf die Doraden legen. Die Fische mit Folie abgedeckt im Ofen (Mitte) in 50 Min. glasig garen.

5 Für die Marinade Limettensaft, Fischsauce und braunen Zucker verrühren. Knoblauch abziehen und wie die Chilischote fein hacken. Koriander waschen, trockenschütteln, abzupfen und grob schneiden.

6 Den Fisch herausnehmen, im Ganzen servieren und die Marinade dazustellen. Wahlweise die Haut abziehen, Aromaten entfernen, das Fleisch von den Gräten lösen und als Filets auf vorgewärmten Tellern anrichten. Mit der Marinade beträufeln. Dazu Basmatireis oder Gemüsenudeln servieren.

GEMÜSENUDELN *150 g Chinesische Mie-Nudeln (Asienladen) nach Packungsanleitung kochen. 50 g Frühlingslauch waschen, putzen und schräg in 1 cm große Stücke schneiden. 250 g grünen Spargel von den holzigen Enden befreien, im unteren Drittel schälen und schräg in 1 cm große Stücke schneiden. 3 Babyauberginen (à 80 g) waschen, putzen und in dünne Spalten schneiden. 2 EL Sonnenblumenöl im Wok oder einer großen Pfanne erhitzen, Auberginen und Spargel 3 Min. braten, Frühlingslauch dazugeben, 1 Min. unter ständigem Rühren weiter braten, mit 100 ml Gemüsefond ablöschen, 2 EL Sojasauce und 3 EL Austernsauce einrühren. Nudeln dazugeben und aufkochen lassen. Die heißen Nudeln gut durchmischen und mit dem Fisch servieren.*

Bachsaibling mit Sauerampfer und Pinienkernbutter

1 küchenfertiger Bachsaibling (ca. 700 g)
½ TL schwarze Pfefferkörner
½ TL Fenchelsamen
½ TL grobes Meersalz (z. B. Fleur de Sel)
Für die Sauce
200 g Tomaten
30 g Sauerampfer
2 EL Pinienkerne (20 g)
2 EL Butter
Salz
Außerdem
Klarsichtfolie

Für 2 Personen | ca. 15 Min. Zubereitung | 55 Min. Garzeit
Pro Portion ca. 475 kcal, 61 g EW, 23 g F, 3 g KH

1 Den Backofen auf 80° (Ober- und Unterhitze) vorheizen. Den Fisch von innen und außen kalt abbrausen, evtl. Blutreste im Bauchraum entfernen und mit Küchenpapier trockentupfen. Flossen und Kiemen mit einer Fischschere abschneiden.

2 Die Gewürze im Mörser grob zerstoßen und mit dem Salz mischen. Den Fisch von innen und außen mit dem Gewürzsalz bestreuen, auf eine ofenfeste Platte legen, mit Folie abdecken und im Ofen (Mitte) 55 Min. garen.

3 Die Tomaten waschen, Strünke entfernen, kreuzförmig einschneiden und solange in kochendes Wasser legen, bis sich die Haut leicht abziehen lässt. Die Tomaten herausnehmen, eiskalt abschrecken, enthäuten, vierteln, entkernen und in Streifen schneiden.

4 Den Sauerampfer waschen, trockenschütteln, grobe Stiele abtrennen und die Blätter in Streifen schneiden. Die Pinienkerne in einer Pfanne ohne Fett in 1 Min. goldbraun rösten, Butter und Tomaten dazugeben, kurz durchschwenken und leicht salzen.

5 Den Fisch herausnehmen, Folie entfernen und die Haut ablösen. Das Fleisch von den Gräten lösen und portionsweise auf vorgewärmten Tellern anrichten. Mit dem Sauerampfer bestreuen und mit der heißen Pinienkernbutter beträufeln. Als Beilage eignen sich Butterkartoffeln oder frisches Baguette.

INFO **Die Gewürze vor dem Mörsern in einer Pfanne ohne Fett so lange rösten, bis sich ein wohlduftendes Aroma entfaltet. Die ätherischen Öle lösen sich durch die Hitzeeinwirkung, und die Gewürze erhalten dadurch einen intensiveren Geschmack.**

TIPP **Fischscheren sind im Haushaltswarengeschäft erhältlich. Die großen Scheren sind besonders robust und ideal zum Zerkleinern von Fischgräten und Flossen.**

Kabeljau mit groben Senf, Kohlrabi und rotem Zwiebeltempura

4 Kabeljaurückenfilets à 200 g
Salz
4 TL scharfer Senf
4 TL grobkörniger Senf
3 EL Pflanzenöl

Für das Gemüse
1 kg Kohlrabi (geputzt ca. 650 g)
2 EL Butter
100 ml Gemüsefond (aus dem Glas)
100 g Sahne
2 Zweige Dill
6 Blätter Estragon
Salz
Cayennepfeffer

Für das Zwiebeltempura
200 g rote Zwiebeln
2 EL Tempuramehl (Asienladen)
300 ml Pflanzenöl oder 300 g Frittierfett

Außerdem
Klarsichtfolie

Für 4 Personen | ca. 20 Min. Zubereitung | 20 Min. Garzeit
Pro Portion ca. 525 kcal, 41 g EW, 34 g F, 13 g KH

1 Den Backofen auf 80° (Ober und Unterhitze) vorheizen. Den Fisch kalt abbrausen und mit Küchenpapier trockentupfen. Die Filets salzen und von beiden Seiten mit je 1 TL scharfen und grobkörnigen Senf bestreichen.

2 Das Öl in einer großen Pfanne erhitzen und die Filets darin pro Seite 1/2 Min. braten.Die Fischstücke in eine ofenfeste Form legen und mit Folie abgedeckt im Ofen (Mitte) 20 Min. garen.

3 Kohlrabi schälen und in 3 cm lange und 1/2 cm breite Stifte schneiden. Kohlrabiblätter beiseite legen (s. Tipp). Die Butter in einem Topf (24 cm ø) aufschäumen und die Kohlrabistifte darin 6 Min. bei mittlerer Hitze anschwitzen. Mit Gemüsefond und Sahne ablöschen, aufkochen und zugedeckt bei geringer Hitze in 10 Min. weich dünsten. Die Kräuter waschen, trockenschütteln und grob schneiden. Das Gemüse mit Salz und Cayennepfeffer abschmecken und kurz vor dem Servieren mit den Kräutern verfeinern.

4 Die Zwiebeln abziehen und in feine Ringe schneiden. Mit dem Tempuramehl bestäuben und miteinander vermischen. Das Fett oder Öl in einem hohen Topf erhitzen, die Zwiebeln portionsweise hineingeben, mit einem Kochlöffel oder einer Fleischgabel durchrühren, damit sie nicht verkleben und in 1 Min. goldbraun frittieren. Mit einer Schaumkelle herausheben und auf Küchenpapier abtropfen lassen.

5 Den Fisch herausnehmen und die Filets mit dem heißen Kohlrabigemüse auf vorgewärmten Tellern anrichten. Den Kabeljau mit der Garflüssigkeit aus der Form beträufeln. Die Zwiebeln auf dem Fisch verteilen und mit Petersilienkartoffeln servieren und z. B. mit Estagon und Dill garnieren.

TIPP **Die zarten Kohlrabiblätter waschen, trockenschütteln und fein hacken. Mit den anderen Kräutern kurz vor dem Servieren unter das Kohlrabigemüse rühren.**

Lachsforelle mit Wacholder, Lorbeer und jungem Spinat

1 küchenfertige ganze Lachsforelle (ca. 1,25 kg)
Meersalz (z.B. Fleur de Sel)
frisch gemahlener schwarzer Pfeffer
3 Zweige Dill
3 TL weiche Butter
4 Wacholderbeeren
1 TL schwarze Pfefferkörner
1 TL Senfkörner
2 Lorbeerblätter
100 ml Weißwein
Für das Gemüse
500 g junger Blattspinat
200 g Staudensellerie
2 EL Butter
200 g Sahne
Salz
frisch geriebene Muskatnuss
Außerdem
Alufolie

Für 4 Personen | ca. 25 Min. Zubereitung |
1 Std. 15 Min. Garzeit
Pro Portion ca. 510 kcal, 52 g EW, 30 g F, 4 g KH

1 Den Backofen auf 100° (Ober und Unterhitze) vorheizen. Den Fisch von innen und außen kalt abbrausen, evtl. Blutreste im Bauchraum entfernen und mit Küchenpapier trockentupfen. Flossen und Kiemen mit einer Fischschere entfernen. Innen und außen mit Meersalz und Pfeffer würzen.

2 Den Dill waschen, trockenschütteln und mit 1 TL Butter in den Fischbauch geben. Wacholderbeeren und Pfefferkörner im Mörser grob zerstoßen. Alufolie etwa 20 cm länger als die Lachsforelle abmessen und doppelt nehmen. Die Enden hochklappen, so dass keine Flüssigkeit austreten kann. Die Folie mit 2 TL Butter bestreichen, Wacholder-, Pfeffer- und Senfkörner sowie den Lorbeer darauf verteilen. Den Fisch darauflegen, mit Wein beträufeln, der Folie verschließen und auf einem Blech im Ofen (Mitte) in 1 Std. 15 Min. garen.

3 Den Spinat verlesen, grobe Stiele entfernen, waschen und in einem Sieb abtropfen lassen. Den Staudensellerie putzen und schräg in 1/2 cm dicke Scheiben schneiden. Die Butter in einem Topf (24 cm ø) aufschäumen. Sellerie darin in 2 Min. bei mittlerer Hitze dünsten, Spinat zugeben und unter Rühren 1 Min. weiter garen. Die Sahne dazugießen, aufkochen und in 2–3 Min. sämig einkochen lassen. Das Gemüse mit Salz, Pfeffer und frisch geriebener Muskatnuss abschmecken.

4 Die Lachsforelle aus dem Ofen nehmen, Alufolie vorsichtig öffnen, die Haut abziehen und das Fischfleisch von den Gräten lösen. Die Filets mit dem heißen Gemüse und der Sauce auf vorgewärmten Tellern anrichten, mit Meersalz und Pfeffer würzen. Nach Geschmack mit dem Sud aus der Folie beträufeln und mit gestampften oder gebratenen Kartoffeln, feinen langen Nudeln (z. B. Capellini) oder Reis servieren und z. B. mit Dill garnieren.

INFO **Der Fisch ist fertig, wenn sich die Haut problemlos abziehen lässt und sich das Fleisch leicht von den Gräten löst. Im Idealfall sollte der Fisch schön glasig schimmern.**

Seeteufel mit Flusskrebskruste und gebratenem Fenchel

4 Seeteufelfilets à 170 g
3 EL Olivenöl
Für die Flusskrebskruste
80 g weiche Butter
½ Toastbrotscheibe
80 g Flusskrebsfleisch (vakuumverpackt)
6 Estragonblätter
1 EL weißer Portwein
1 Prise Chiliflakes (getrocknete Chiliflocken)
Meersalz (z.B. Fleur de Sel)
frisch gemahlener schwarzer Pfeffer
Für das Fenchelgemüse
2 Fenchelknollen (850 g)
300 g Tomaten
5 EL Olivenöl
1 Prise Anissamen
Außerdem
Klarsichtfolie

Für 4 Personen | ca. 25 Min. Zubereitung | 18 Min. Garzeit
Pro Portion ca. 530 kcal, 35 g EW, 39 g F, 8 g KH

1 Den Backofen auf 80° vorheizen. Die Filets von evtl. dunklen Hautstellen und Blutresten befreien, kalt abbrausen und mit Küchenpapier trockentupfen.

2 Für die Kruste die Butter mit dem Rührgerät in 5 Min. weiß-schaumig schlagen. Das Toastbrot entrinden und mit dem Pürierstab fein mahlen. Das Flusskrebsfleisch klein schneiden. Estragonblätter waschen, trockentupfen und fein schneiden. Butter, Brotbrösel, Krebsfleisch, Portwein und Estragon verrühren. Mit Chiliflakes, Meersalz und Pfeffer abschmecken und beiseite stellen.

3 Die Fischstücke von beiden Seiten mit Meersalz und Pfeffer würzen. Das Öl in einer großen Pfanne erhitzen und die Fischfilets 1 Min. darin braten, wenden und 1/2 Min. weiter braten; in einer ofenfesten Form mit Folie abgedeckt auf dem Rost (Mitte) in 18 Min. garen.

4 Den Fenchel waschen, putzen, halbieren, Strunk entfernen und die Hälften in feine Streifen schneiden. Das Fenchelgrün in kaltes Wasser legen. Die Tomaten waschen, Strünke entfernen, kreuzförmig einschneiden und solange in kochendes Wasser legen, bis sich die Haut leicht abziehen lässt. Die Tomaten abgießen, eiskalt abschrecken, vierteln, entkernen und nochmals der Länge nach halbieren.

5 4 EL Olivenöl in einem Topf (28 cm ø) erhitzen, Fenchel darin anbraten, leicht salzen, mit Anis würzen und bei mittlerer Hitze in 12 Min. weich schmoren, dabei mehrmals umrühren. Kurz vor dem Servieren die Tomatenfilets einlegen und kurz darin erwärmen.

6 Das Fenchelgrün auf Küchenpapier abtropfen lassen, grob hacken und mit dem restlichen Öl unter das Gemüse rühren. Den Fisch aus dem Ofen nehmen und die Folie entfernen. Ofen auf Grillfunktion stellen. Die Mischung für die Kruste auf den Filets verteilen und diese auf dem 2. Einschub von oben in 3–4 Min. übergrillen. Die Filets mit dem Gemüse auf vorgewärmten Tellern anrichten und servieren. Als Beilage passen kleine in Olivenöl angebratene, gekochte Kartoffeln.

TIPP **Seeteufel hat ein Rückgrat mit Knorpeln und besitzt daher keine Gräten, was ihn zu einer unkomplizierten Delikatesse macht.**

Schwertfischsteak mit Passionsfrucht, Papaya und Vanille

1 Schwertfischsteak
(ca. 400 g, etwa 3,5 cm dick)
Vanillesalz mit Curry
(die Hälfte der im Rezept auf S. 21
angegebenen Menge)
1 EL Pflanzenöl
Für die Marinade
1 Passionsfrucht
½ Papaya (220 g)
60 ml Orangensaft
3 EL Olivenöl
1–2 Zweige Koriandergrün
Außerdem
Klarsichtfolie

Für 2 Personen | ca. 15 Min. Zubereitung |
30 Min. Garzeit
Pro Portion ca. 400 kcal, 46 g EW, 22 g F, 5 g KH

1 Den Backofen auf 80° (Ober- und Unterhitze) vorheizen. Den Fisch kalt abbrausen, mit Küchenpapier trockentupfen und von beiden Seiten mit Vanille-Curry-Salz würzen.

2 Das Öl in einer Grillpfanne erhitzen und den Fisch darin auf jeder Seite 1/2 Min. braten; auch die flachen Seiten kurz anbraten. Den Fisch in eine ofenfeste Form legen, mit Folie abdecken und im Ofen (Mitte) in 30 Min. glasig garen.

3 Die Passionsfrucht halbieren. Fruchtfleisch mit Saft und Kernen in eine Schüssel geben. Die Papaya entkernen, schälen, klein würfeln und mit der Passionsfrucht, Orangensaft und Olivenöl mischen. Die Marinade kurz vor dem Servieren in einem Topf aufkochen. Den Koriander waschen, trockenschütteln, abzupfen und grob schneiden.

4 Den Fisch aus dem Ofen nehmen und die Folie entfernen. Das Schwertfischsteak in Scheiben schneiden, auf vorgewärmten Tellern anrichten, mit der heißen Marinade beträufeln, Koriander bestreuen und servieren. Nach Geschmack noch etwas von dem Vanillesalz auf die Schnittflächen des Schwertfisches geben. Als Beilage eignet sich gekochter Reis

INFO **Beim Anbraten in der Grillpfanne entstehen beim Braten die schönen Streifen auf dem Bratgut. Durch das anschließende Abdecken mit Klarsichtfolie trocknet der Fisch nicht aus, bleibt saftig und gart im eigenen Dampf.**

Lauwarmer Saibling auf Spargelgemüse

Für den Saibling
4 Saiblingsfilets
Salz
frisch gemahlener schwarzer Pfeffer
8 Zweige Dill
je 4 Streifen Bio-Orangen- und Zitronenschalen
3–4 EL Olivenöl
Für das Spargelgemüse
250 g weißer Spargel
250 g grüner Spargel
200 ml Gemüsefond (aus dem Glas)
1 TL Puderzucker
40 g Sahne
1 EL kalte Butter
1 Scheibe Ingwer
1 Scheibe Knoblauch
1 Streifen Bio-Zitronenschale
1 Prise Cayennepfeffer
etwas frisch geriebene Muskatnuss
1 EL frisch geschnittene glatte Petersilie

Für 4 Personen | ca. 1 Std. 10 Min. Zubereitung
Pro Portion ca. 235 kcal, 15 g EW, 17 g F, 5 g KH

1 Die Saiblingsfilets halbieren, kalt abbrausen, mit Küchenpapier trockentupfen, salzen und pfeffern, nebeneinander in 2 Vakuumbeutel legen, mit Dillzweigen, Orangen- und Zitronenschalen belegen und das Olivenöl hineinträufeln. Die Tüten so verschließen, dass möglichst wenig Luft im Beutel bleibt; einige Std. im Kühlschrank marinieren.

2 Den weißen Spargel schälen, den grünen Spargel nur im unteren Drittel schälen und die holzigen Enden entfernen. Die Spargelstangen längs halbieren und schräg in 5 cm lange Stücke schneiden. Den Spargel in der kochenden Brühe knapp unter dem Siedepunkt 20 Min. ziehen lassen, in ein Sieb abgießen, die Brühe auffangen und beiseite stellen.

ALFONS SCHUHBECK, Sternekoch und bayerisches Original, überzeugt immer wieder durch seine originellen, aber einfach zuzubereitenden Kompositionen.

VAKUUM- ODER ZIPBEUTEL *Sollten Sie so etwas nicht haben, legen Sie die Fischfilets mit Kräutern und Gewürzen auf einen gebutterten Teller, bedecken ihn mit Klarsichtfolie oder Mikrowellenfolie und lassen ihn bei 100° im vorgeheizten Backofen je nach Dicke in etwa 15 Min. glasig durchziehen. Nach dem Garen die Gewürze entfernen, die Haut abziehen, den Fisch salzen und pfeffern.*

3 In einer Pfanne bei mittlerer Hitze den Puderzucker hell karamellisieren. Den Spargel darin kurz anschwitzen, 100 ml Spargelbrühe zufügen und abgedeckt bei geringer Hitze in 10 Min. garen.

4 Den Spargelsud durch ein Sieb in einen Topf gießen. Den Spargel warm stellen. Sahne und Butter in den Sud mixen, Ingwer, Knoblauch und Zitronenschale einlegen, einige Min. darin ziehen lassen, mit Salz, Cayennepfeffer und Muskatnuss abschmecken. Durch ein Sieb über den Spargel geben und mit der Petersilie bestreuen.

5 Während der Spargel gart, in einem Topf reichlich Wasser auf etwa 70° erhitzen, die eingeschweißten Saiblingsfilets einlegen und in etwa 12 Min. saftig durch ziehen lassen. Den Fisch herausnehmen, Dillzweige und Zitrusschalen entfernen und die Filets mit dem Spargelgemüse auf warmen tiefen Tellern anrichten.

Rezeptregister

Produkteregister

Die Autorin

Monika Schuster ist gelernte Köchin und Küchenmeisterin, die u.a. auch die Ladengastronomie des renommierten Feinschmeckerparadieses »Dallmayr« in München leitete. Neben Rezeptentwicklungen für Großmeister Eckart Witzigmann und zahlreichen Industriekunden arbeitet sie auch als Food-Stylistin, u.a. für dieses Buch. Bei GU sind von ihr die Bücher »Kochschule No1« und »Food for Love« erschienen.
www.monika-schuster.de

Der Fotograf

Eising Foodphotography
Fotografie: Martina Görlach
Foodstyling: Monika Schuster, Michael Koch
Fotoassistenz: Sandra Eckhardt
Requisite: Ulla Krause

Bildnachweis

Michaela Peters, Jörg Lehmann, Paris
Cornelia Poletto, Jan Brettschneider, Hamburg
Monika Schuster, Klaus-Maria Einwanger, Rosenheim
Lisl Wagner-Bacher, Foto Hernfeld

Programmleitung: Doris Birk
Leitende Redakteurin: Stephanie Wenzel
Texte und Lektorat: Anna Cavelius
Umschlaggestaltung und Innenlayout: independent Medien-Design, München
Versuchsküche: Anka Köhler, Küchenmeisterin, München
Herstellung: Petra Roth
Satz: Bernd Walser Buchproduktion, München
Reproduktion: Longo AG, Bozen
Druck: Firmengruppe Appl, aprinta druck, Wemding
Bindung: Conzella, Pfarrkirchen

ISBN 978-3-8338-0921-7
2. Auflage 2007

Unsere Garantie

Alle Informationen in diesem Ratgeber sind sorgfältig und gewissenhaft geprüft. Sollte dennoch einmal ein Fehler enthalten sein, schicken Sie uns das Buch mit dem entsprechenden Hinweis an unseren Leserservice zurück. Wir tauschen Ihnen den GU-Ratgeber gegen einen anderen zum gleichen oder ähnlichen Thema um.

Liebe Leserin und lieber Leser,

wir freuen uns, dass Sie sich für ein GU-Buch entschieden haben. Mit Ihrem Kauf setzen Sie auf die Qualität, Kompetenz und Aktualität unserer Ratgeber. Dafür sagen wir Danke! Wir wollen als führender Ratgeberverlag noch besser werden. Daher ist uns Ihre Meinung wichtig. Bitte senden Sie uns Ihre Anregungen, Ihre Kritik oder Ihr Lob zu unseren Büchern. Haben Sie Fragen oder benötigen Sie weiteren Rat zum Thema? Wir freuen uns auf Ihre Nachricht!

Wir sind für Sie da!
Montag - Donnerstag: 8.00 – 18.00 Uhr;
Freitag: 8.00 – 16.00 Uhr
Tel.: 0180 - 5 00 50 54*
Fax: 0180 - 5 01 20 54*
*(0,14 €/Min. aus dem dt. Festnetz/ Mobilfunkpreise können abweichen.)
E-Mail: leserservice@graefe-und-unzer.de

P.S.: Wollen Sie noch mehr Aktuelles von GU wissen, dann abonnieren Sie doch unseren kostenlosen GU-Online-Newsletter und/oder unsere kostenlosen Kundenmagazine.

GRÄFE UND UNZER VERLAG
Leserservice
Postfach 86 03 13
81630 München

GRÄFE UND UNZER
100 JAHRE GANSKE VERLAGSGRUPPE
Ein Unternehmen der
GANSKE VERLAGSGRUPPE